あたりまえを疑う勇気

植松電機代表取締役
植松 努
Uematsu Tsutomu

「読書のすすめ」店主
清水克衛
Shimizu Katsuyoshi

イースト・プレス

はじめに――もっと「うまい空気」が吸いたい

清水克衛《しみずかつよし》

「うまい空気が吸いたい！」

これが最近の僕の強い希望です。このたび対談させていただいた植松努《うえまつつとむ》さんは、マグネットの製造・販売やロケット事業を行なう、社員20人ほどの町工場の社長さんです。その会社「植松電機」は、北海道の赤平《あかびら》という、とても広々とした自然豊かな町にあります。ここにうかがうと、とても空気がうまい！　吹いてくる風もなんとも心地よい。しかし、ここで僕が言う「うまい空気」とは、この意味の空気ではありません。僕が吸いたいうまい空気とは、「世間の空気」という空気です。

山本七平《やまもとしちへい》著『「空気」の研究』という本があります。文春文庫版の説明文では、こう紹介されています。

「昭和期以前の人びとには『その場の空気に左右される』ことを『恥』と考える一面があった。しかし、現代の日本では〝空気〟はある種の〝絶対権威〟のように驚くべき力をふるっている。あらゆる論理や主張を超えて、人びとを拘束するこの怪物の正体を解明し、日本人に独得の伝統的発想、心的秩序、体制を探った名著」

SNS（ソーシャル・ネットワーキング・サービス）が普及したおかげなのでしょうか。稚拙でエゴイズムに満ちた空気が、簡単に世間に広まるようになっています。魚は汚染された水の中では生きていけません。これと同じく、エゴイズムという、情の欠けた空気の中で暮らしているという自覚がないまま生きているのであれば、それはとても怖ろしいことなのではないでしょうか。僕はこの絶対権威という力を持つ「空気」が、まずくて仕方ないのです。

先日、以前は月に一回はドクスメ（書店「読書のすすめ」の通称）に来てくれていた若い女性が、半年ぶりに訪ねてくれました。いつものように会話をしていると、変な違和感を覚え、会話が続かなくなってしまいました。その違和感とは、彼女が自分の主義主張、権利に対してなんの疑問も持たず、自分が正しくて他人が悪いと考える、まさにエゴイストに変わってしまっていたのを感じたことです。

また別の日に、地方から来てくれた若い男子が、僕に悩みごとを打ち明けてくれました。聞いてみると、会社で上司に怒鳴られ、自分は一生懸命働いているのに納得がいかないというのです。「おー、これがいま流行《はや》りのパワハラか」と思いながら、聞いておりました。

その後、よくやることなのですが、ドクスメ店内でそのとき来てくれていた四、五名の人たちと鍋パーティーをすることになりました。もちろん彼も参加しました。みんなが、ワイワイと鍋の準備や買い出しに行ったりしていたのですが、その彼はなんにもしません。そして、鍋ができ上がり、「いただきます」も「ありがとうございます」もなく、ひと通り食べ終わると、今度は「ごちそうさま」もなく、片づけを手伝おうという気もさらさらないようで、ただ椅子にぼんやりと座っているだけでした。「これは上司に怒鳴られて当然だな」と思いましたよ（笑）。それどころか、その上司に感謝すべきではないのでしょうか。

しかし、彼らに罪はないと思います。人間としてもっとも低級なエゴイストをつくる空気は、誰がつくっているのでしょうか。そのことへの問いから、私たちは考えてみないといけません。得体のしれない「空気」に左右される生き方は恥だということを、もう一度考え直さないと、未来に向けて大きな禍根を残すことになっては、それこそ現代に生きる私たちの「恥」になってしまうでしょう。

植松努さんは、この「恥」をよく知っている人です。世の中の空気をしっかりと読み解き、それが恥につながることであれば、はっきりと闘う反骨の精神を示す珍しい大人です。そこがいままでは子どもっぽいと言われるのかもしれませんが（笑）。

世の中の空気が言わせる「そんなことやって意味あるの？」とか、「どうせ無理だよ、あきらめな」という言葉に対して、はっきりと「だったらこうしてみたらいいよ」と啖呵《たんか》を切る。そういう植松さんの反骨の態度に、いままで多くの子どもたちが救われてきたのです。

読書していると、ふっと素敵な言葉に出会います。
左記は、エリック・ホッファーというアメリカの社会哲学者の言葉です。

「自己欺瞞《ぎまん》なくして希望はないが、勇気は理性的で、あるがままにものを見る。希望は損なわれやすいが、勇気の寿命は長い。希望に胸を膨らませて困難なことにとりかかるのはたやすいが、それをやり遂げるには勇気がいる。闘いに勝ち、大陸を耕し、国を建設するには、勇気が必要だ。絶望的な状況を勇気によって克服するとき、人間は最高の存在になるのである。」

（エリック・ホッファー、中本義彦訳『エリック・ホッファー自伝』作品社）

挑戦する反骨の精神と行動がなければ、絶望的な状況は生まれてきません。ゆえに、反骨精神は最高の人間を生み出すのです。
明治から昭和にかけて、五四年の生涯を求道と教育のために捧げた、住岡夜晃《すみおかやこう》の言葉もみてみましょう。多くの人の心に灯をつけたその言葉は、常に強い。

「『志は天にとどけ手は地をかけ』
この言葉は明治初年における大学者福沢諭吉先生の言われた言葉を借りて来たのだ。僕らは常に今より高いところに目をつけていなければならない。それが理想だ。決して今の自分にのみ目をつけて、これで好《よ》い、と安心してはならない。何時《いつ》でも天にとどく様《よう》な望みがなくてはならぬ。一つ二つよいことをしたので満足してはならない。百円お金がたまったのを自慢してはならない。もっともっと大きなところに理想をおかねばならない。人に使われている者も一度は独立して人を使え。理想のない者は進歩発展はない。『貧しい者は幸《さいわい》である』とたびたび僕が言った。なぜ貧しい者が幸だろう。貧しい者は自己の現在の身の上に満足することが出来ず、『おのれ、一度は身を立て家をおこさずにおこうか』と、何かの機会に発奮し、理想が心の中に燃えていて、それに突進するからである。
一度僕らが何かに刺激されて、志を立て、理想に向かって光明が見えたとき、僕らは進歩にも向上にも出発しているのだ。今日一日今日一日と、大きな苦にも出会わないで暮らしている者は、何時までも心に発奮もおこらねば悲しくもない。その小さい幸が害になって、あたら青年期を何もしないで、面白おかしく、働かずに、一生涯の仕度《したく》もしないで暮らしてしまう。この何ものにもかえられない青年期、一刻千金よりも尊い青年期を馬鹿話や金使いで費やしている間に、大勇猛心をおこして立った貧しい正しい青年はずんずん進んで行く。三十歳になった、ああ僕も何かしておけばよかったと、過去の夢の様な享楽がさめた時にはもう仕方ない。理想に心がおどる時がなかったからだ。」

（住岡夜晃『新 住岡夜晃選集［一］』法蔵館）

パワハラやセクハラなど、もちろんそういう卑劣な行為は、しっかりと監視を行なわなければなりませんが、監視でもなんでもいき過ぎると、クソも味噌もごっちゃになっておかしくなっていきます。

ここに書かれていることはパワハラでしょうか？

近ごろは、「働き方改革」という〝絶対権威〟の空気が蔓延《まんえん》しているようです。そんな調子のいい文言にうっかり乗っかってしまえば、ＡＩ（人工知能）にとって替わられてしまうのはほかでもない、自分自身でしょう。

「楽しく儲《もう》ける」はいいが、「楽して儲ける」の類いの方法が書かれている本があるとすれば、それは詐欺師がつくった空気です。まだまだいまの世の中、詐欺師になりたい人や、詐欺師を増やそうという本が、たくさんありそうですね。

そんなことより、理想に心がおどる本とたくさん接しましょう。

これは、植松さんとぼくとのもっとも密着した接点です。


反骨のエートスにもっとも必要なのは、「勇気」です。

「だったらこうしてみよう！」

という空気に抗《あらが》うひと言が、読後あなたの口から出るようであれば、この本の価値は、ぼくにもさらなる勇気を奮い立たせてくれるでしょう。期待してますよ！

あたりまえを疑う勇気　目次

2章 「読書」が人生をつくる

3章　君はなんのために働くのか

4章 革命の狼煙はもう上がっている

5章 未来の日本はどうなっているか

装幀　フロッグキングスタジオ
写真　中嶋史治（ブルーカラーデザイン）
構成　石井晶穂

1章

いま若者たちへ伝えたいこと

「これって変だな」を大切にする

清水　植松さんとは、読書普及協会[*1]のイベントで初めてお会いしたんですよね。あの[*2]ときのスピーチは衝撃でした。会場に七〇〇人くらいいたかな。講演後、みんなスタンディング・オベーションだった。いまでも鮮明に覚えています。

植松　もう十数年前ですか。いま振り返ると、よっぽどなことを言っていたと思う（笑）。

清水　それがよかったんですよ。社会に対する「こんちくしょう！」という思いが伝わってきた。植松さんといえば、著書のかわいらしいイラストとか、「夢をかなえよう」みたいなポジティブなメッセージを思い浮かべる人が多いと思うんだけど、実は反骨精神にもあふれている。つねに何かに抗っていて、僕はそこに共感を覚えるんです。

植松　ありがとうございます。「こんちくしょう！」とは思わないですけど、**「これって変だな」という疑問はいつも感じています。**

清水　そこは僕も同じで、本屋業界に対して「これって変だな」と毎日のように感じています。「読書のすすめ」[*3]を始める前は、大手コンビニエンスストアの店長をしていたんですよ。おにぎりを一〇〇個注文したら一〇〇個入ってくるし、一〇〇〇個注文したら一〇〇〇個入ってくる世界にいた。ところが本屋の場合、注文しても注文通りに入ってこないわけ。驚きましたね。お客さんから一〇〇冊、予約をもらっているのに、一冊しか入ってこなかったこともあります。

植松　大きな本屋さんにぜんぶ持っていかれてしまうんですね。

清水　以来、僕も抗っているんです。「売れている本なんかいらないよ」って。植松さんもそういうところあるでしょう。

植松　たしかに、みんなが群がっているところには行きたくないですね。それだけ競争が激しいっていうことだから。

清水　みんなが右を向いたら右、左を向いたら左。そのおかしさを見抜く力を養うの

が読書だと、僕は思っているんです。

植松　ほかの人にどう思われるかなんてどうでもいいんです。最優先すべきは「自分がどうしたいか」ですよね。みんながやっているからやる、みんなが買っているから買うといった感覚は、僕にはないですね。

＊1　読書普及協会　二〇〇三年、清水克衛が立ち上げた、読書の大切さ、楽しさの普及を目的とするNPO(特定非営利活動)法人。現在の代表は、高草雄士《たかくさかずと》氏。

＊2　あのときのスピーチ　二〇〇七年一一月に開催された、読書普及協会の四周年記念イベントにおける植松努による講演のこと。ゲストとして登壇した植松は、「宇宙ロケットに夢をのせて」と題し、九〇分にわたって熱弁を振るった。

＊3　読書のすすめ　清水克衛が店長を務める、業界でも有数の名物書店。一九九五年、東京都江戸川区篠崎の地にオープン。以来、熱狂的なファンが全国各地から押し寄せている。

「答え」ばかり欲しがるな

清水　いまの若い人たちについて、どんな印象を持っていますか。僕は、目に見えて二極化しているように感じるんです。うちの店に来るような、たくさん本を読んでいる子がいる一方で、まったく興味を示さない子もいる。**この対談集シリーズは、後者の子にとっての「本を読むきっかけ」になって欲しい**んです。読書の世界への入り口になればとの思いで、このシリーズを育てています。

植松　対談だと読みやすいですしね。でも、いまの若い人って本当に本を読まないでしょう。

清水　先日、一五〇〇人規模のセミナーで出張販売をしたんです。そうしたら、本当に驚いたんですが、若い子が一人も寄ってこない。一人もですよ？　年配の方は興味を持ってくださるんですが……。これが噂《うわさ》の「読書離れ」かと思いました。

植松　うちの会社でも似たような話があります。僕の社長室には本がいっぱいあるんですが、若い子に「読んでみたら？」と勧めると、「どれがいいですか？」って聞いてくる。それで「このへんは大事だよ」と説明すると、「じゃあ、コピーとらせてください」って（笑）。

清水　「答え」だけ欲しいんですね。

植松　おそらく、学校教育が原因だと思うんです。先生に言われたテスト範囲だけ覚えておけばいい、という考え方。

清水　最短距離で答えにたどり着こうとしていると、成長から遠ざかってしまうんですけどね。**答えめいたものが載っているハウツー本を一〇〇〇冊読んでも、人間としての深みは出ません**。だからそういう人と話していても、ぜんぜん面白くない。

植松　コピペが服を着て歩いているみたいな人ですね。

清水　知識はあるんだけど、答えにたどり着く過程で得られる、その人なりの思考や体験がないから、すごく浅薄な印象になる。大人がそんな調子だから、若い人もそれでいいやと思っちゃうのかもしれませんね。

*4　この対談集シリーズ　清水克衛がホストを務める対談集シリーズとして、本作のほか、『魂の燃焼へ』（執《し》行草舟《ぎょうそうしゅう》）、『凛とした日本人になれ』（池間哲郎《いけまてつろう》）、『孤独を貫け』（小林よしのり）の三作が刊行されている（いずれもイースト・プレス刊）。

「雇われ方」より「雇い方」を学べ

清水　植松さんは大学の先生もされているとか。

植松　ええ、福岡大学で教えています。[*5]阿比留《あびる》先生という面白い方がいまして、「いまの学校教育は雇われ方しか教えていない。それより雇い方を教えたほうがいい」と言うんです。たしかに雇われ方を教えても、サラリーマンが一人増えるだけですよね。でも雇い方を教えれば、その学生が将来起業して、人を雇うかもしれない。そうすれば不景気も、雇用問題も改善するんじゃないかというのが持論で。

清水 それで植松さんは、「雇い方」の授業をされているんですね。

植松 はい。日本ではなじみがありませんが、ヨーロッパでは中学校くらいから「雇い方」の授業があるんです。将来どんな働き方をするにせよ、**雇う、雇われるの両方を知っておいたほうがいい**からです。ところが日本では、言うことを聞いてお金をもらうことしか教えてくれない。お金の借り方とかも、きちんと教えたほうがいいですよ。それを教えないから、お金で失敗しちゃう人が出てくるんだと思う。

清水 先日、ある金融機関の新入社員研修に呼ばれたんですが、「安定しているから」という理由で入社した新人ばかりでした。単純に、そういうのって恥ずかしくないのかなとか、疑問に思ったりしないのかなとか、考えてしまいました。

植松 でも、雇われることしか教わっていないと、そうなりますよね。少しかわいそうな気もします。

＊5　阿比留先生（一九五三-）　福岡大学経済学部産業経済学科教授、阿比留正弘《まさひろ》氏のこと。「ベンチャー起業論」という講義を同大学にて立ち上げ、起業家育成を行なってきた。

「趣味のない子」が増えている

清水　ところで、窓[*6]の外に消防車が見えるんですが、火事でもあったんですか？

植松　いえいえ、あの消防車はうちの会社のものなんです。まさに『思う[*7]は招く』で、ロケット開発のために強力なポンプが欲しいなと思っていたら、ちょうど赤平市[*8]が消防車を売りに出していたんです。無理だろうなと思いつつ入札したら、落札しちゃいました。

清水　えっ、植松さんの消防車なんですか。すごいな。

植松　マイ消防車（笑）。救急車は病気になったら乗れますよね。パトカーも悪いことをすれば乗れる。でも、消防車は乗れないじゃないですか。うちの社員、喜んで運転して帰ってきました。**変なものが増えて、ますます会社が面白くなっています。**

清水　スケールは違いますが、変なものといえば、うちのお店には生ビールサーバーがあります（笑）。

植松　ああ、それはいいことですよ。海外の会社に行くと、従業員のデスクが家族の写真とか、趣味のものでてんこ盛りなんですよね。そうするとコミュニケーションが活発になるんです。「あなたもこれ好きなんですか？」みたいに、会話のきっかけになる。日本の働く人たちも、自分のパーソナリティをもっとアピールしていいんじゃないかと思います。

清水　植松さんの社長室もプラモデルでいっぱいですよね。

植松　趣味の部屋ですね（笑）。先ほど若い子が本を読まないという話が出ましたが、**趣味がない子もたくさんいますね**。「映画観るの？」と聞いても興味なさそうだし、「ゲームは？」と聞いても「あまり」という感じ。「じゃあ、ふだん何やっているの？」と聞いたら「いや、別に……」と返ってきて（笑）。本当、何しているんだろうと思ったので、しつこく質問してみたんです。そうしたら原因がわかりました。

清水　気になります。

植松　小学生のとき、自分の楽しかった体験を学校でしゃべったら、「何それ、自慢?」って言われたそうなんです。あげく先生から、「そういうことができない人もいるんだから、しゃべるんじゃありません」って注意された。以来、みんながしゃべっていることに乗っかることしかできなくなったそうです。こんな理由で自分なりの趣味が持てなくなっている子は、意外とたくさんいますね。

＊6　窓の外に消防車が見える　1章扉の写真参照。
＊7　『思うは招く』　二〇一五年、宝島社より出版された植松努の著書。右ページに氏の名言、左ページにその解説という構成となっている。
＊8　赤平市　北海道空知地方中部に位置する市。最盛期は人口約六万人を擁したが、現在は一万人ほどとなっている。植松努が社長を務める植松電機の本社がある。

人生に「攻略本」は必要ない

清水　一方で、うちの子どもを見ていて思うんですが、「車が欲しい」とか「時計が欲しい」とか、そういった欲が希薄になっている印象があります。

植松　僕らの世代のバカげた物欲はいったいなんだったんだろう(笑)。いままでの日本って、消費しないと回転しない経済だと言われてきました。とにかく消費を強要されてきた気がするんですけど、人口が減り始めたあたりで、風向きが変わってきましたね。

清水　だから、まともな若者も増えているような気がするんです。

植松　**いや、まともですよ。僕らの世代よりも頭いいし、優しいし。**

清水　それに、僕ら大人と比べて深く洗脳されていないですからね。若い世代から革命の狼煙《のろし》を上げてくれって思うんです。ある本にもこんなことが書いてありました。いまの若者は、もしかしたら歴史上もっとも優秀な若者かもしれない。ところが失敗を怖がって、チャレンジすることができない。これさえ克服してくれれば、日本の将来も明るいのに……と。

植松 まったく同感ですね。

清水 僕はよく、「予定調和を壊せ」と言っているんですが、そのためには冒険心や、チャレンジ精神が必要になります。それらを身につければ、本人の人生も大きく変わっていくと思います。

植松 予定調和は壊すべきですね。僕も「想定の範囲内」っていう言葉が好きじゃないんです。すごくつまらない。若い人たちに講演をするときは、「**攻略本片手に最短コースを行ったら、人生あっという間に終わるよ**」という話をよくします。買ってきたゲームを、一日でクリアしたらつまらないですよね。なのに自分の人生は、わりとみんなノーミスで行きたがるんです。三機あったら、三機とも残したままゴールしようとするから。

「安定・安全・安心」が人生を小さくする

清水　一方で、自戒を込めて言いますが、魅力的な大人も少なくなった気がするんです。同世代の大人とお酒を飲んでいても、あまり面白くないんですよ。「休みの日は盆栽やってます」とか、「先週はゴルフに行きました」とか、話題が自分の楽しみのことばかりで。

植松　ああ、すごくがっかりしますね。使ったお金自慢みたいな飲み会は、本当に時間のムダだと思う。

清水　たとえば出版社の人だったら、「これからの日本のために出版業界は何ができるか」とか、「もっと本を読んでもらうために何をすればいいか」とか、もっと大きな話を僕はしたい。植松さんはよくご存じだと思うけど、**仕事をしている以上、「安定」とか「安全」とか「安心」なんてない**でしょ。

植松　まったくないですね。

清水　ところが、あると思っている大人が多いんです。そういう大人は魅力がない。

植松　人間って、ただ立っているだけでも筋肉を使っている。だから、究極の「安定・安全・安心」は寝ていることなんですよね。でも、一週間くらい寝ていたら、きっと立てなくなるんじゃないかな。そこまでの状態に陥っている大人がいっぱいいる気がしますね。

清水　そして、その背中を見ている若い人たちも、「ああ、それでいいんだ」と思ってしまう。「寝ていればいいんだ」って。僕が幸運だったのは、刺激的な大人との出会いがいっぱいあったことなんです。彼らのおかげで、大事なことに気づけたと思っています。

植松　かつて人口が増えていた時代は、経済が右肩上がりで成長していたから、寝ていても現状維持できたんです。でも、人口が減っていくこれからの時代においては、寝ていたら現状維持すら難しい。なのに、経営者と会っていると、「多くは望まないから、せめていまの状態が続けばいい」という人がたまにいるんですよ。「それってすごく多くを望んでいますよ」って思うんだけど（笑）。

清水　人一倍の努力をしないと、現状維持すらできない時代に入っている。出版社の中にも、キャラクターの版権を売ったり、不動産を運用したりして、現状維持しようとしている会社があるけど、これから絶対に厳しくなると思います。新しいチャレンジをしていかないと。

植松　以前、ある場所でロケット教室をやろうとしたら、会場のスタッフからこんな質問が寄せられたんです。「ロケットが人に当たったら、どうなりますか？」って。いや、人に当てたことはないし、人に当てないように工夫《くふう》しているんですけど……って。それはまるで、カッターを持っている人に、「人に刺したらどうなりますか？」って聞いているのと同じでしょう。こういう発想だと、何もできなくなると思いました。

清水　「安定・安全・安心」が、新しいチャレンジを妨げている例ですね。そこを打破していきたい。

「闇夜の素振り」が成功を引き寄せる

清水　植松電機の創業はいつですか？

植松　一九六二年ごろだと思います。当時は青色申告で、父が一人でやっていました。それを引き継いで法人化したのが、一九九九年です。

清水　社員さんは何人くらいいるんですか。

植松　現在、二三人ですね。ちょっと増やしました。

清水　本当によくここまでやってこられましたよね。

植松　**人生、大事なのは「闇夜の素振《すぶ》り」**です。人知れず「素振り」をしてきた結果だと思っています。その努力を「抜け駆けだ」と言う人も中にはいますよ。頑張って何かに取り組んでいると、初めのうちは「そんなのうまくいくわけない」ってさんざん言ってくるのに、成果が出てくると「うまいことやりやがって」と言ってくる(笑)。

清水　妬み、ひがみですね。そんなこと言っている暇があったら、自分も何かすればいいのにと思う。

植松　いちばんいいのは無視することですね。ただ見過ごせないのは、子どもたちの中に努力するのを怖れる子が出てきていることです。頑張って何かに取り組むと、「先生に媚《こび》を売っている」「意識高い系」なんて言われて、まわりからバカにされる。かわいそうだなと思います。

清水　うちの店に来る若い子たちもよく、「読書が好きになったら友だちがいなくなった」って言います。僕はそれでいいと思う。変な同調圧力に負けないでもらいたいですね。

植松　「意識高い」ことの何が悪いのかって思うんですよ。もちろん口ばっかりじゃダメだけど、**志を持って何かに熱中していたり、一生懸命になっていたりする人を、「意識高い」と言ってバカにするのは間違っている。**「中二病」という言葉と似ているところがありますね。

清水　「中二病」も悪いことではない？

植松　絶対、必要な病気だと思うんですよ。かかっておかないと、大人になってからエラいことになる(笑)。あれは中学生くらいの、精神があっちゃこっちゃに発散しているときに、どうしても必要なものなんです。成長の過程なのに無理やり抑えつけるのは、精神発達を阻害することになる。きっと、あとから苦しむことになる気がします。

清水　反抗期もそうですよね。正常な反応なのに、大人が力で抑えつけちゃうと、三〇歳過ぎてからおかしくなっちゃう。

植松　あの時期に思いきり空想したりとか、反発してみたりとか、すごく重要な脳の発達プロセスだと思いますね。

清水　あと、男の子だったら隠れてエッチなものを見たりとかね(笑)。

学校なんて行かなくっていい

清水　不登校の子についてはどう思いますか？

植松　それでいいんじゃないのって思います。**学校に行けないなら行けない理由を考えて、それが正しいと思ったら行かなくていい。**

清水　僕もそう思うんです。かえって学校に行けなくなっちゃうほうが、まともなセンスを持っているような気がする。

植松　学校に行くこと、それ自体が目的ではありませんからね。社会性を身につけたり、勉強して知識を身につけたりすることが目的なので、学校以外にもいろんな手段があります。最近はフリースクール[9]への理解も進んできましたしね。まあ、この考えは明らかにエジソン[10]からの影響です。エジソンは学校を放り出されて、お母さんが勉強を教えていましたから。

清水　偉人って、たいがいそうですよね。ファーブル[*11]もそう。僕は偉人じゃないけど、小学生のころ「学校がつまらない」と言って勝手に帰っていました（笑）。それで夜まで、おでんの屋台のおじちゃんにくっついて歩いたり。植松さんも小さいころは浮いていたんじゃないですか？　変わっているって。

植松　思われていましたね、間違いなく（笑）。僕は片方の目がものすごく悪いから、球技がまったくできなかったんです。遠近感がまったくないので、野球のフライも捕れない。僕はみんなに迷惑をかけるだけの存在でした。「何やってんだ！」って言われて悲しくてね。だから中学生になってからは、ひたすら自転車に乗っていました。

清水　大きくなってからはどうですか。

植松　**大学時代も、月に何万円も本を買うような生活をしていました**。きっと変わっていると思われていたでしょうね。就職してからも、最初に入った会社では必要最低限の話しかしなくなりました。外に出てくるひきこもりみたいな状態ですよ。

清水　恋愛ってどうでしたか。いまの若い子って、恋愛とか結婚とかに対して興味薄いですよね。

植松　面倒くさいんでしょうね。お金もかかるし。それはすごくよくわかりますよ。でも、それを乗り越えるくらいの熱情は、当時はあったような気がするんですけど。

清水　たしかに面倒くさいですね。結婚なんかしちゃうと、子どもを育てないといけないし、学費もかかるし。植松さんはよく、学費と家のローンがなくなれば、日本はもっとよくなるっておっしゃっていますよね。僕なんかバブルのときにマンション買っちゃったから、まだローンを払い終わってないんです。二〇二四年に払い終わる予定でして(笑)。

植松　でも、あのころの建築物はすごくいい材料を使っているから、モノはいいですよ。最近のは安普請《やすぶしん》でひどいですから。

清水　学費の高騰も問題になっていますよね。

植松　もし、高等教育を受けることが所得の増加につながるのであれば、その人は将来、より高い税金を納めることになりますよね。であれば、高等教育でお金を取る必要はないはずです。国からすると、そのぶん余計に納税してくれるんだから。しかし現実には、学費は年々高騰していて、多くの若い人が奨学金の返済などで苦しんでいる。

つまり、日本の高等教育は所得に直結しないって、国が認めちゃっているんですよ。**本当に高等教育に価値があって、それによって国力が上がるのなら、大学だって無料にしちゃえばいいいんです。**それをやらないっていうことは、そこまでの価値はないと思っているんでしょうね。

＊9　フリースクール　おもに不登校の小・中学生を受け入れる教育機関。公的な機関ではないが、近年、その社会的意義が広く認められ始めている。

＊10　エジソン(一八四七 - 一九三一)　トーマス・エジソン。アメリカの発明家、起業家。蓄音機、白熱電球、活動写真をはじめ、生涯に約一三〇〇もの発明をしたことで知られている。

＊11　ファーブル(一八二三 - 一九一五)　ジャン・アンリ・ファーブル。フランスの博物学者。昆虫研究の先駆者であり、その成果をまとめた著書『ファーブル昆虫記』(岩波文庫など)で知られる。

「人と比べられない人」になる方法

植松　二〇一七年、大卒全体の内定率は上がったのに、理系の学生の就職内定率だけ下がりました。それでいろんな会社の研究チームに聞いてみたら、たいてい「大卒、使えないよね」という話になるんです。素直でまじめなのはいいんだけど、「思考」してくれない。学校がつくり出している人材と、社会が求めている人材が、まったくマッチしていない状況です。これを改善しないと、将来的にまずいことになる気がしています。うちの会社も、まったく人手が足りていないですしね。

清水　どうしたらよいでしょう?

植松　**民間企業がもっと教育に参入する必要がある**と思います。できれば民間企業で協力し合って、学校をつくることができたらいいと思っています。いまはインターネットを使って、オンラインで授業をすることもできますし。

ただ、すでに国も対策を始めていて、三年後には受験の方式が思いきり変わるそうです。センター試験がなくなるし、理系と文系の区別もなくなる。マークシートもなくなる。詰め込みではなく、主体性と思考力を養う教育に転換していくそうです。

清水　それは素晴らしい試みですね。

植松　ただ気になるのは、そもそも教育というものは、やればやるほど主体性と思考力を低下させるものだと思うんです。正反対にあるものをどうやって国はつなげるのか、楽しみでしょうがないですね。

清水　[*12]佐治晴夫《さじはるお》さんという方がいるんですが、物理学者でありながら音楽にも精通しているんです。[*13]ボイジャーにバッハの曲を乗せようと提案したのが佐治さんなんですよ。こういう発想が必要ですね。

植松　話していて面白い人って、知識の幅が広くて、なおかつ深い。そういう人は、魅力ある人だと思います。足が速い人っていっぱいいますよね。でも、「足が速くて、歌が唄える」だと、かなり減ってきます。「足が速くて、歌が唄えて、料理がつくれる」だともっと減ると思う。

清水　それが、その人の「個性」になるわけですね。

植松　できることが増えれば増えるほど、人と比べられなくてすむようになる。オンリーワンの存在になれるんです。だから、**いろんなことに興味を持って、いろんなことをやるべき**なんですよ。これまでは、たとえば機械科を出た子に電気の話を振ると、「それは習っていません」と返ってくることが多かった。小さいカテゴリにまとまればまとまるほど、個性がなくなって、社会から必要とされなくなってしまう。他人と比べられる人生になってしまうんです。そんなの嫌ですよね。この本を読んでいるみなさんには、ぜひいろんなことに興味を持って、いろんなことにチャレンジしてもらいたいですね。

＊12　佐治晴夫（一九三五‐）　物理学者。鈴鹿大学短期大学部名誉学長。『14歳のための物理学』（春秋社）、『ゆらぎの不思議』（PHP研究所）など、一般向けの本も多数著している。

＊13　ボイジャー　一九七七年に打ち上げられた、アメリカ航空宇宙局（NASA）の無人宇宙探査機。宇宙のどこかに知的生命体が存在することを期待し、モーツァルトの楽曲などを収めた「ゴールデンレコード」が積まれている。

「日本人の美徳」を再定義せよ

清水　もともと義務教育は、「国民皆兵」を実現するためにナポレオン[*14]が始めたものとされています。つまり、兵士をつくるためのプログラムでした。それを明治政府が取り入れて、現代まで続いてきたわけです。でも、いまはロボットやドローンも進化して、国民全員が兵士になる必要はない。義務教育そのものが、時代に合わなくなってきている気がします。

植松　素直で、まじめで、勤勉で……これが日本人の美徳と言われてきました。けれど、「素直で、まじめで、勤勉で」という部分では、絶対ロボットに勝てませんよ。僕らはこの三つを、そろそろ捨ててもいいのではないかと思います。そして、**この三つに代わる美徳がいったいなんなのかを、日本人みんなで考えるようになったら面白い**と思うんです。

清水　これからの日本人の新しい美徳とは何か……。とても面白い問いですね。

植松　僕なりの答えを言ってしまうと、「興味」と「好奇心」だと思います。僕は小学生のころ、大きな石を見つけたら引っくり返さないと気がすまない子どもでした。やっぱり変わっているでしょ(笑)。とにかくそこら中の石を裏返して、虫がいないか探していた。「素直で、まじめで、勤勉で」という価値観とは正反対だし、「秩序」とか「協調」といった価値観とも相容《あいい》れません。現代だったら、なにがしかの病名をつけられていたかもしれない。でも、僕はこのマインドこそ、これからの日本人にとって必要な「美徳」だと思うんです。

清水　日本人は変われると思いますか。

植松　いまの教育のままだと難しいでしょうね。さっき清水さんがおっしゃったように、日本の義務教育って、基本的に当時のフランス陸軍の方式なんです。学生服は軍服だし、ランドセルは背嚢《はいのう》ですから。富国強兵時代の、古い軍隊の教育システムをいまだに引きずっている。同じ軍隊なら、**これからは「特殊部隊」をつくるつもりでいかないと。**

清水　特殊部隊！　かっこいいですね。

植松　こんなエピソードがあります。アメリカ軍がソマリアで戦ったとき、レンジャー部隊を投入したんです。一般の兵士より、はるかに高度な訓練を受けた兵士たちです。それで何が起こったかというと、数時間で楽々勝てると思われていたミッションが、丸一日以上かかって、しかもたくさんの死者と負傷者を出してしまった。原因は何か？　指揮官がやられて、指揮をとる人がいなくなった瞬間、全員動けなくなってしまったんです。

清水　レンジャー部隊は、いわゆる「指示待ち人間」だったんですね。

植松　そうです。これはまずいということになって、アメリカ軍はその後、戦場の前線には特殊部隊しか送らなくなりました。特殊部隊の人たちって、一人ひとりが自分の頭で判断できるんです。自分勝手な行動をするから、ほかの兵士からは嫌われていたんですが、戦場ではもっとも活躍する存在になった。これからの教育は、彼ら特殊部隊をヒントにしていくべきでしょうね。

＊14　ナポレオン（一七六九－一八二一）　ナポレオン・ボナパルト。フランスの軍人、政治家。革命期に天才的軍人として名を上げ、軍事独裁政権を樹立。皇帝の座にまで上りつめた。

子どものしつけでもっとも大切なこと

植松　『坂の上の雲』[*15]に出てくる秋山真之《あきやまさねゆき》[*16]さんという人は、中学生のときから政治集会に参加して、大人に交じって議論を戦わせていたそうです。これってすごく重要なことだと思うんです。

清水　以前、小林よしのり[*17]さんの「ゴー宣《せん》道場」[*18]で福岡まで本を売りに行ったとき、いちばん前に高校生と中学生の兄弟が座っていたんです。それで小林さんが最後におっしゃったのが、「この二人には感動した」と。うなずくところとか、笑うところとか、こちらが期待した通りのタイミングだったと。「九州でやるのは大変だから一回きりにしようと思っていたけど、君たちが来るならまたやる」っておっしゃっていました。

植松　この話から言えるのは、**子どもを子ども扱いしちゃいけない**ということですよ。ロケット教室でも、僕は子どもたちに「トイレに行きたくなったら、勝手に行っていいよ」と言います。「この時間は君たちの時間だから、君たちの判断で自由にやりなさい」と。そもそも、いっせいにみんなでトイレに行ったら混んじゃうでしょう。だったら、バラバラに行けばいいんです。そんな話をしていたら、途中で先生が「トイレ休憩取っていいですか?」って言い出して(笑)。いままで何を聞いていたんだって。

清水　笑っちゃう話ですね。

植松　思考力を奪うタイプの先生がいる学校の生徒は、みんなダラダラしていますね。まともな先生がいる学校の生徒は、いくら騒いでいても始まる時間になったらぴったり集まる。これはとても大事なことで、ふだんから「静かにしろ」って言われている子は、「静かにしろ」って言われないと静かにならないんですよ。一方、**「ちゃんと聞いたらこんないいことがあるよ」って言われている子は、ちゃんと聞こうとする。**理由を伝えないで、ただ命令だけされていると、人は思考力を失うんだなって思います。

清水　前者の子たちはかわいそうですね。それだけでずいぶん人生変わってくるでしょう。

植松　生涯所得だって、エラい変わってきますよ（笑）。

＊15　『坂の上の雲』　「産経新聞」に連載された司馬遼太郎（一九二三 - 一九九六）の歴史小説。文春文庫刊。秋山好古・真之兄弟と正岡子規たちの青春群像を描いた。発行部数は二〇〇〇万部を超えたとされる。

＊16　秋山真之（一八六八 - 一九一八）　大日本帝国海軍の軍人。最終階級は海軍中将。日露戦争にて連合艦隊の作戦参謀に任じられ、ロシアのバルチック艦隊を下した。

＊17　小林よしのり（一九五三 - ）　漫画家。福岡大学在学中にデビュー。『東大一直線』『おぼっちゃまくん』などヒット作を発表する。一九九二年、社会問題に斬り込む『ゴーマニズム宣言』をスタート。清水克衛との共著に『孤独を貫け』（イースト・プレス）がある。

＊18　「ゴー宣道場」　小林よしのりが主催する道場。「身を修め、現場で戦う覚悟を作る公論の場」を道場開設の主旨とし、原則として毎月第二日曜日に開催される。二〇一八年六月には、小林氏の故郷である福岡県にて「九州ゴー宣道場」が開催された。

「子離れ」する勇気を持とう

清水　何かの本で読んだんですけど、子どもは一四、五歳になると、自然に親離れする本能がプログラムされているらしいんです。ところが、**親には子離れの本能がプログラムされていない**。だから親は、いつまでも親でいたくて、力で子どもを抑えようとするそうです。昔は元服《げんぶく》という儀式がありましたが、科学的にも理にかなっていたんですね。

植松　歳をとると一年のスピードが速くなる、という話を永田晴紀《ながたはるのり》先生[*19]としていて。先生は「もしかしたら年齢分の一になるんじゃないか」って言うんです。一歳なら一年、二歳なら二分の一年、三歳なら三分の一年というように。それで積分をしてみると、中間地点は一五歳くらいなんですよ。まさに元服の歳じゃないかって思って。

でも、さすがに年齢分の一は言い過ぎかもしれないと考えて、「ルート年齢分の一はどうだろう」っておっしゃったんです。つまり、二歳なら一・四一四分の一になる。それを積分すると、中間地点は何歳になるか？　ちょうど二〇歳だったんです。

清水　へえ、面白いですね。

植松　話を戻すと、元服があろうとなかろうと、**お父さん、お母さんが意識的に子離れをすることは非常に大切**ですね。このあいだもあるお母さんが、「うちの娘は無理とか、できないとか、わからないとか、そんなことばかり言うんです」とおっしゃるんです。「どうすればいいんでしょう？」と聞かれたから、「それはきっと、お母さんの過干渉だと思います」と、はっきり答えました。そうしたら、隣にいた娘さんがすかさず「ほら、やっぱり！」って言っていました。

清水　娘さんは親離れしようとしているのに、お母さんが子離れできていないんですね。

植松　何かやるたびに「違う、違う」とか、「勝手なことしないで」とか、干渉しようとする親御さんってたくさんいます。よかれと思ってやっているんだろうけど、子どもに大きなストレスを与えていることを自覚したほうがいいように思いますね。

＊19　永田晴紀（一九六五-）　北海道大学大学院工学研究院教授。無火薬式で大幅な推力向上と小型化を実現した「CAMUI型ハイブリッドロケット」の開発に成功。植松電機と共同でロケット開発を行なっている。

もっと「親不孝」になったほうがいい

清水　何年か前に「エチカの鏡」[＊20]という番組に出たおかげで、いまでも悩み相談にいらっしゃる方が多いんです。いろいろな相談を受けましたが、ほとんどの悩みは、別の誰かや、何かとの「比較」から生まれる悩みですね。

植松　まわりを気にしすぎですね。先ほども言いましたが、**「自分がどうしたいか」をとことん考えたほうがいい**と思います。

清水　『魂の燃焼へ』[＊21]で対談をさせていただいた執行草舟[＊22]さんは、まわりばかり気にしている人のことを「横野郎」と喝破しました。面白いですよね、この表現。その意味では、植松さんは根っからの「縦人間」ですね。

植松　あと、悩み相談のふりをしながら、実は肯定を求めているだけという感じもありますね。「大丈夫だよ」「君は悪くないよ」って言ってもらいたい。僕なんか、自分で自分を肯定すればいいのにってよく思うんですけど。

清水　植松さんも相談が多いでしょう？

植松　ええ、いろんな悩みが寄せられますね。僕が気になるのは、子どもたちが優しすぎること。親の顔色をうかがいすぎるんです。**親に心配をかけまい、失望させまいとして、ものすごく苦しんでいる。**

清水　それは親孝行なんですかね。

植松　結果的に誰も幸せにならない気がします。かわいそうだなと思うのが、いまの高校生くらいの親って、僕の世代なんですよ。昭和四〇年代生まれで、バブル期の価値観を引きずっている。その価値観で子どもにアドバイスするわけですから、ろくなことにはなりませんよね。もちろん新しい情報をキャッチアップしている親もいるけど、いまだに就職するなら証券会社がいいとか言っている、古い常識のままの親もいるんですよ。

清水　そういう親に洗脳されてしまった子は、「安定した会社に入るのが幸せ」みたいな価値観になってしまう。

植松　いまはもう「安定」なんてないのに。子どもたちはもっと「親不孝」になったほうがいいように思いますね。

＊20　「エチカの鏡」　二〇〇八年から二〇一〇年にかけて、フジテレビ系列で放送されていた、タモリ司会の情報バラエティ番組。清水克衛は「人生を変える本屋さん——お客の悩みを解決するソムリエ」として不定期出演していた。

＊21　『魂の燃焼へ』　二〇一五年にイースト・プレスから刊行された、清水克衛と執行草舟氏との対談集。高校生からお年寄りまで、幅広い層から熱狂的に支持され、いまなお版を重ねるロングセラーとなっている。

＊22　執行草舟（一九五〇 - ）　実業家、著述家、歌人。生命の燃焼を軸とした生き方を実践・提唱している生命論研究者。おもな著書に『生くる』『友よ』『根源へ』（講談社）などがある。

子どもたちにこれだけは伝えたい

清水　[*23]ARC《アーク》プロジェクトは、現在も継続しているんですか？

植松　ええ。あの施設があるおかげで、年間一万五〇〇〇人の方にお越しいただいています。大変ですよ、うちは社員が二〇人ちょっとしかいませんから。

清水　来るのは子どもたちが多い？

植松　原則、学校の修学旅行しか引き受けないようにしているんです。来てくれた子たちには全員、ロケットをつくってもらって、飛ばすところまで体験してもらいます。自分でつくると、「失敗するかもしれない」という不安がありますよね。だからこそ、飛んだときの喜びは一〇〇倍になるんです。

清水　自分で知恵をしぼって、工夫してつくったロケットですからね。きっと記憶に残るでしょう。

植松　僕の会社では、実験施設を子どもたちに見てもらうとき、「この施設は何百万かかりました」ということは一切言わないようにしています。「**こういうふうに知恵をしぼったんです**」「**こういう工夫をしたんです**」という話をする。そうすれば、「大事なのはお金ではなく、知恵と工夫なんだな」「もしかしたら、自分にもできるかもしれない」って感じてくれると思うんですよ。

清水　親たちも、自分の子どもにこういうことを伝えるべきですよね。

植松　うちに来てくれた子どもたちが社会人になって、たまに声をかけてくれることがあるんです。それが何より嬉しい。あるとき空港で、航空会社の制服を着た女の子に呼び止められたことがありました。そして、こんなことを言ってくれたんです。「この仕事に就くことが夢だったのですが、みんなからは無理だと言われていました。でも、**あのときのロケットの授業を思い出して、夢はかなうと思って頑張ってきました**。あのとき飛ばしたロケットは、いまでも大事に取ってあります」

清水　ああ、それは嬉しいですね。僕も同じですよ。学生のころ、うちの店に来ていたやつが社会人になって、「おかげさまで仕事がうまくいっています」なんて報告してくれたとき、「この仕事をやっていてよかった」って思う。「恩返しに」と言って、本をたくさん買ってくれるのも嬉しい(笑)。

植松 出世払いをしてもらうためには、若い人たちを出世させなくちゃいけないんですよね。だからこそ大人は、一生懸命、若い人を支えるべきです。それがいつか、自分たちにも返ってくるんですから。

＊23 ＡＲＣプロジェクト 二〇一〇年より、植松努が推進しているプロジェクト。「より良くを求める社会」の実現に向け、「住宅に関するコスト一〇分の一、食に関するコストを二分の一、教育に関するコストゼロ」を目指す、さまざまな実験を行なっている。

2章

「読書」が人生をつくる

「読書離れ」の真の原因とは

清水　僕はよく、全国の図書館で講演させていただくんですが、たいてい講演前に主催者の挨拶があるんですね。そこでみなさん口をそろえておっしゃるのが、「読書離れが進んでいる。その原因はインターネットだ」という話なんです。でも僕は、読書離れの原因がインターネットだとは思っていない。**「なぜだろう?」とか、「どうしてだろう?」とか、そういった問いを人々が持たなくなったから**だと思うんです。

植松　よくわかります。僕の読書の原点って、図鑑なんですよ。「この昆虫、なんだろう?」って思ったときに、図鑑で調べる。知らなかったことを知ることができて嬉しい。それが僕にとっての読書でした。知らないものに対する興味、「なぜだろう?」という疑問、「知りたい」という欲、それらが読書へ向かわせるエネルギーになるんだと思います。

清水　でも最近のお客さんの中には、「この本、面白いですよ」と勧めても、「難しそうですね。もっと簡単な本はないですか？」とおっしゃる方もいる。でも、よく考えてみて欲しいんです。簡単だと感じる本には、自分が知っていることしか書かれていないんですよ。そんな本を何冊読んだところで、知らなかったことを知る喜びは得られません。

植松　**自分の理解できる範囲で本を選んでいたら、成長は訪れない**ですね。以前、仕事でマグネットをつくらなくてはいけなくなったとき、とりあえず本屋さんに行ってみたんです。でも、「マグネットのつくり方」なんて本は、どこにも売ってない。それで「電気磁気学」と書かれた本を、「これはどうやらマグネットに関係していそうだぞ」と思って手にしてみた。当然、まったくわからない。それでも買って帰って、眺めてみる。するとそのうち、なんとなくわかる図とかグラフが出てくる。そこを突破口にして読み進めていく。

清水　それなんですよ。一見難しい本でも、読んでいるうちになんとなくわかってくるものなんです。だからうちの店では、お客さんに「ちょっと難しい本を読みましょう」ってお伝えしています。「ちょっと」でいいんです。「ちょっと」難しい本にぜひ挑戦してみてください。

まずは「わかった気になる」だけでいい

清水　植松さんはマンガもお好きでしたよね。

植松　ええ、学ぶところがいっぱいあります。たとえば、[24]手塚治虫《てづかおさむ》とか。

清水　手塚治虫は、僕も間違いなく影響を受けています。昔、怪しい宗教に誘われたことがあったんですが、『ブッダ』[25]を読んでいたのですべて論破できました（笑）。

植松　マンガだろうが専門書だろうが、得られる知識は同じですからね。相対性理論の本だって、いきなり読んだら倒れちゃうと思うけど、『マンガでわかる相対性理論』なら読めますから。それで、わかった気になる。**「わかった気になる」ことが意外と大切だと思っているんです。**

清水　「わかった気になる」って、一般にはネガティブな意味でとらえられがちですけどね。

植松　たとえば外国人に「日本語しゃべれますか？」と聞くと、「しゃべれるよ」って答える人が多いんです。でも、よくよく聞いてみると、「コンニチハ」とか「アリガトウ」とか、それくらいなんですよ。でも、「私は日本語がしゃべれる」って平然と言う（笑）。

一方、日本人に「英語しゃべれる？」って聞くと、「ぜんぜんです」って答える。でも、実際は「ハロー」も「サンキュー」もわかるし、日常的な会話くらいはできたりする。この違いなんですよ。**自分が英語をしゃべれると思うか、思わないかで、コミュニケーションが大きく変わってくる。**

清水　「しゃべれる」「わかる」という自信を持つことが、次のステップへ飛躍するコツですね。

＊24　手塚治虫（一九二八‐一九八九）　漫画家。『鉄腕アトム』『ジャングル大帝』『火の鳥』『ブラック・

ジャック』など、日本の漫画史に残る作品を数多く残した。

*25 『ブッダ』 一九七二年から八三年にかけて、潮出版社の少年漫画雑誌「希望の友」に連載された手塚治虫作品。仏教の開祖、ゴータマ・シッダルタの生涯を描いた。単行本の発行部数は二〇〇〇万部を超えている。

「困難」が人類を進化させてきた

清水 植松さんは、『ロビンソン・クルーソー』[*26]も好きだと聞いたことがあります。

植松 困った状況に陥った人が、問題を自分で解決していく話が好きなんです。伝記が好きなのも同じ理由ですね。どうやって困難を乗り越えたのか、その工夫であったり、考え方であったりを知ることは、人生のもっとも大きな喜びのひとつですね。その意味では、生き物の進化に関する本も大好きです。**生き物も困難に直面して進化し**

てきたんですよ。
清水　困難こそが進化を生むんですね。
植松　たとえば『脊椎動物デザインの進化』[*27]という本。タイトルの通り、脊椎動物がどう進化してきたかを説明している本なんですが、ポイントはエネルギー効率をいかに上げるかなんです。爬虫類《はちゅうるい》だったころは、食べ物を丸呑《まるの》みしていました。石と一緒に呑み込んで、胃の中で細かくする。でも、これだとエネルギー効率が悪すぎる。そこで哺乳類になって、噛《か》む能力と消化能力を身につけたんです。決定打は人間が発明した「調理」ですね。それでエネルギー効率がうんとよくなって、大脳を維持することができるようになった。
清水　面白いですね。考えてみると、うちの店も困難ばかりだったからこそ、ここまでやってこられたような気がする。立地が悪いのをどうしたらいいかとか、ベストセラーが入ってこないのをどうしたらいいかとか、困ったから考えた。これが駅前の一等地のチェーン店だったら、何も考えずにいたでしょう。いまごろ潰れていると思いますね。

植松　安全、安心な場所にずっといたら、シーラカンスのままです。僕たちの遠い祖先は、海から陸に上がりました。身体が乾いて困ったから、肺を発達させたし、塩分がなくて困ったから、身体に塩分を閉じ込めるようになった。その結果、極地でも生き延びることができる生き物になったんです。つまり**われわれ人間は、困った状況をなんとか解決しようと頑張ってきた生き物の末裔《まつえい》**だと言えるんです。

清水　そう考えると勇気が湧いてきますね。もしこの本を読んでいる方の中に、何か悩みを抱えている人がいたら、「それはいいことだよ」と言ってあげたい。「進化するチャンスだよ」って。

植松　困難を避けているとは進化できない。シーラカンスになってしまう。でも、どうしてもつらいときは、＊28沖田十三《おきたじゅうぞう》の「明日のために、今日の屈辱に耐えるんだ」という言葉を言い聞かせています。この言葉のおかげで、怒りをすべてエネルギーに転換できた気がする。

清水　つらいときに本を読むと、すごく入ってきますよね。大事なのは、さっきも言ったように、**答えめいたものが載っているハウツー本を読まない**こと。「近道のように見えて、実は遠回りですよ」と、声を大にして言いたい。

植松　恋愛で悩んでいるときに恋愛マニュアル本を読んでも、悩みは解決しないということですね。僕が大昔、恋愛に悩んでいたときは、『若きウェルテルの悩み』[*29]を読んだんです。もちろん、恋愛問題の解決には役に立たない情報もいっぱい詰まっていた。でもあとから考えると、それが生きている気がするんです。

＊26　『ロビンソン・クルーソー』　イギリスの小説家、ダニエル・デフォーの小説。一七一九年、『ロビンソン・クルーソーの生涯と奇しくも驚くべき冒険』として刊行された。無人島に漂着した船乗りの生涯が描かれている。

＊27　『脊椎動物デザインの進化』　生物学者、レナード・B・ラディンスキの著書。学生向けの講義がもとになっている。二〇〇二年、山田格の翻訳により、海游舎より刊行された。

＊28　沖田十三　松本零士などが手がけたアニメ、『宇宙戦艦ヤマト』シリーズに登場する人物。西暦二一四七年生まれ。宇宙戦艦ヤマトの初代艦長で、立派な白ひげがトレードマーク。

＊29　『若きウェルテルの悩み』　一七七四年に刊行された、ヨハン・ヴォルフガング・フォン・ゲーテによる小説。青年ウェルテルが、婚約者のいる女性シャルロッテに恋をし、思いかなわず絶望し、自殺するまでを描いている。

「ストレス」は本当に悪なのか

清水　「ストレス解消」という言葉があります。でも、ストレスは必ずしも悪いものではないと思うんですよ。「ストレス＝悪いもの」というレッテルを貼って、誰もそれを疑わないと、チャレンジする気持ちがなくなっちゃう。逆の発想で、**「ストレス＝気持ちいいもの」という認識を持つ**だけで、人生はずいぶん変わるんじゃないかな。

植松　まず、ストレスの本来の意味を知ったほうがいいですね。ストレスは「不愉快な状態」という意味ではないんです。これでは抽象的すぎる。自由に選べない状態なのか、自信を持てない状態なのか、何かが不足している状態なのか、問題をもっと具体的に考えたほうがいい。

清水　何が嫌なのか、何がつらいのかを、まず把握する。

植松　そのうえで、問題にどう対処すべきか、いま何をすればよいか、きちんと考える努力をする。ところが多くの人は、嫌なことやつらいことを「忘れる」努力をしちゃうんですね。だから「ストレス解消」と言われると、「じゃあ、ちょっと遊びに行こうか」となってしまう。くり返しますが、本当にストレスを解消したいなら、**嫌なことの何が嫌なのかをしっかり把握したうえで、「だったらこうしてみよう」を考えたほうがいい。**

清水　僕が植松さんを好きなのは、そこなんですよ。俯瞰《ふかん》して、ゼロベースで物事を見つめて、「だったらこうしてみたら?」と伝えてくれる。色をつけないのがいいと思うんです。仏教の「色即是空《しきそくぜくう》」に通じるものがある。

植松　ほめすぎですよ(笑)。ただ、ふだんから先入観を持たないようにはしていますね。あと、自分の好き嫌いで判断しないことが大事だと思います。よく仕事をするときに「あいつが嫌いだから一緒に仕事はできない」と言う人がいますけど、僕には理解できない。**やらなきゃいけないのは仕事なんだから、好きとか嫌いとかはどうでもいいんです。**

清水　植松さんってストレスあるんですか?

植松　赤平にいるとすごく幸せですよ。見える範囲に人がいないのは最高です。僕、パーソナルスペース、めちゃくちゃ広いですから(笑)。都会の人はよくあんな満員電車に乗れるなあって思います。

清水　うちの店は東京の端っこなので、そこまで人は多くないんですが、それでも赤平ほど遠くが見えることは絶対ないですね。

植松　うちの会社、代々木公園と同じくらいの広さがあるみたいですね。それでもだんだん手狭になってきていて、すでにいっぱいいっぱいな感じです。また土地買わなくちゃいけないかなって。

本は自分の「代弁者」になってくれる

植松　僕にとっての読書は図鑑の延長線だって言いましたけど、清水さんにとっての読書ってどういうものなんですか。

清水　なんだろう、急に言われると困っちゃうけど（笑）。もちろん自分の成長のためもあるけど、いまは本と仕事が一緒になってしまっているので、**「人に喜んでもらうためのもの」**というのが、いちばん近い答えかもしれない。僕が勧めなければ絶対読まなかったであろう本を読んだことで、「おかげで仕事がうまくいくようになりました」とか「元気が湧いてきました」とか言ってもらえると、大きな喜びを感じます。

植松　先ほどからお話をうかがっていると、本は清水さんの代弁者じゃないかなと思うんです。清水さんが伝えたいと思っていることを、たくさんの本が代弁してくれている。自分自身が前面に立って語るのではなく、あえて本に語らせているんだなという感じがします。

清水　なるほど、そうかもしれない。

植松　「誰かのために」がモチベーションの源泉ですよね。自分の欲って、意外と簡単にあきらめられるんですよ。でも、「人を助けたい」とか「世の中のために」とか、そういう欲はあきらめられないんです。だからふんばれる。

清水　ある脳科学者の人が言っていたんですが、「自分が、自分が」と思って何かをすると、パフォーマンスが下がるそうです。ところが、**「誰かのために」「何かのために」と思って何かをすると、パフォーマンスが上がる。**脳科学ですでに証明されているそうです。

植松　体験的にも当たっていると思います。

清水　残念ながら、いまは「自分、自分、自分病」が蔓延しているように感じるときがあります。いい大人が、幼稚化しているような気がしてならない。

植松　僕は子どもの学校のPTA会長を九年やったんですけど、運動会の席取りとかバカみたいでしたよ。メガホン持って、「そこ、コラーッ、半分こにしなさい！　順番こにしなさい！」って大の大人に注意しなくちゃいけない（笑）。いい場所を取りたい気持ちはわからないでもないけど、ちょっと悲しくなりましたね。

「利他性」は人間の本能だ

清水 こういう状況では、利他的な発想がますます重要になってきますね。

植松 そうですね。おそらく利他性って、社会を構成するために必要なものだと思うんですよ。たまにちょっとひねくれた学生さんで、自分は誰の世話にもならない、だから誰も私に関わるな、みたいなことを言う人がいます。でも、あなたが安心して眠れる時点で、もう社会のお世話になっているんだよ、って言うんです。山の中で一人ぼっちになってごらん、寝ている間に熊に食われちゃうよ。だからこそ、人は群れで生活するようになったんだよって。**人は睡眠をとらなくちゃいけないっていう条件がある以上、助け合わないと生きていけない動物**なんです。

清水 睡眠って不思議ですよね。生命をいちばん危険な状態にさらす状態なのに、本能に組み込まれている。

植松　それが大脳を手に入れた代償なんですよ。代わりに、群れで生きていかないといけない。これは人間に定められた宿命でしょうね。ならば、宿命に従って、利他的な行動を選んだほうがいい。というより、選ばざるをえない。

清水　それが結果的にぐるっと一周して、「利己」になるわけですからね。

植松　人間は、関わり合って、助け合わないといけない弱い生き物なんです。にもかかわらず、「ちゃんとしなさい」というひと言が、そのつながりを破壊している。**一人でできるようにならなくてはいけない、人を頼っちゃいけないという認識が、一人ひとりをバラバラにしている**ように感じますね。

清水　親が子どもに言いがちなセリフですね。

植松　以前、うちの会社で、世界中から人が集まる学会が開かれたとき、空き時間にロケットをつくってもらったことがあるんです。僕は「自分の好きなようにやってね」とみんなにお任せしたんですが、日本人は最初から最後まで、ひと言もしゃべらないんですよ。黙々とつくっている。一方、アメリカ人は最初からそのへんを歩き回って、みんなでワイワイやっている。それででき上がったロケットを飛ばしてみたら、日本人のロケットは半分以上が空中でバラバラ。アメリカ人のロケットはぜんぶ成功で、みんなでハイタッチをしている。

清水　国民性を象徴するエピソードですね。

植松　おそらく日本人は、「知らない」「わからない」って言うことを、恥ずかしいことだと思っているんです。いかに自分が「知らない」「わからない」かがバレないようにするか、そっちを頑張ってしまう。外国の人は、知らなかったら人に聞く。それを恥ずかしいことだとはちっとも思わない。その違いなんでしょうね。

「知らないこと」を知っているのが真の賢者

清水　**本当に賢い人は、「知らないこと」を知っていますからね。**「わからないこと」をわかっている人。だから僕が尊敬する先生方は、みんな謙虚です。その逆で、なんでも知っているふりをする人もたまにいますよね。「知らない」「わからない」と思われるのを怖れているんだろうと思います。

植松　養老孟司《ようろうたけし》[*30]さんの『バカの壁』[*31]じゃないけど、「ああ、そんなの知っているよ」といった態度で、その先に進もうとしない。それだと成長はありませんね。

清水　この本はそういう人たちに読んで欲しいんですけど、往々にしてそういう人たちは本を読まない（笑）。身もフタもないことを言うようですが、**いまこの本を読んでいる読者は、僕らがいろいろ言わなくたって大丈夫な人たち**だと思うんですよ。この矛盾をなんとかしたいって、ずっと思っているんですが。

植松　わかります。僕の講演会に来る人も、わざわざ時間をつくって、お金を払って来る段階で、まともな人しかいないんですよ。僕の話なんて聞かなくても大丈夫な人たち。逆に、本当に伝えなくちゃいけない人には届かないんです。本当は学校の講演みたいに、全校生徒を強制的に集めるような講演をやりたいんですけど、大人に対してそれをやる方法がほぼないんですよね。

清水　引っ張って連れてくるわけにはいかないですからね。

植松　ただ「ほぼない」と言ったのは、まったくないわけではなくて、企業だとそれができるんです。企業は自分のところで働いている従業員を、業務の一環として強制的に学習させることができるから。だから企業にこの本を紹介して歩いて、「課題図書」にしてもらうのがいいんじゃないかな。そういう仕組みをつくることも大事だと思います。

清水　出版社の人に相談してみます(笑)。ちなみに、植松さんは年間、講演はどれくらいやっているんですか？

植松　だいぶ減らしました。大人向けの講演がバカバカしくなって、ほとんどやめてしまったんです。それでも年間一〇〇回くらいですね。学校向けの講演がほとんどですが、子どもたちは反応もよくて、ちゃんと伝わっているなという手応えがあります。大人たちには申し訳ないけど、一回ゆがんだ人を変えようと頑張るのはムダな労力だと思う。それより、未来を生きる子どもたちを支えたほうが意義がありますよ。

＊30　養老孟司（一九三七-）　解剖学者。東京大学名誉教授。「唯脳論」の提唱などで知られ、ベストセラーも多数出版している。ライフワークの昆虫採集でも有名である。

＊31　『バカの壁』　二〇〇三年、新潮社より刊行された、養老孟司の著書。四〇〇万部を超える大ベストセラー

となり、新語・流行語大賞、毎日出版文化賞特別賞を受賞した。

人生に欠かせない「啐啄の機」とは

清水　僕は最近、昔の人の本を読むことが多いんですが、「目で聞く」とか「耳で見る」とか、そういった表現がよく出てくるんです。最初はイメージが浮かばなかったんだけど、最近ようやく、そういう感覚って大切だなって思うようになりました。実際、目が不自由な人は、まさに「耳で見ている」わけですよね。

植松　ヘッドフォンをしたまま外に出てみたことがあるけど、怖くて歩けなかったですよ。いかにふだん耳からたくさんの情報を得ているか、痛感しました。だから、ヘッドフォンをして街中を歩いている人ってすごいなと思うんです。ものすごい量の情報を失った状態で歩いているわけですから。

清水　先日、うちの店で若い子が立ち読みしていたので、後ろから「その本、すごく面白いよ」って声をかけたんです。ところがなんの反応もない。よく見たらイヤフォンをしているんです。どれだけチャンスを逃しているんだと思いました。

植松　五感をフルに使うことが大切かもしれませんね。

清水　「啐啄同時《そったくどうじ》」*32という言葉があるんですが、ご存じですか？　鳥のひなが卵から生まれ出ようとするとき、中から殻をつついて破ろうとする。一方、親鳥は外から殻をつついて破ろうとします。それがなぜかはわからないけど、同時に起こるらしいんです。同じ意味で、禅の世界には「啐啄の機」という言葉があります。「機」、つまりタイミングですね。**人生においては必ず、ある瞬間に絶妙なタイミングで大切な出会いが訪れる**。そんなふうに僕は解釈しています。

植松　街でヘッドフォンをしている子は、みずから「啐啄の機」を捨ててしまっているわけですね。

清水　僕なんかこれまでの人生、「啐啄の機」だらけです。大学の先輩に言われて「読書のすすめ」を始めたのも、始めてすぐに斎藤一人《さいとうひとり》[*33]さんがお店にやって来られたのも、「啐啄の機」でした。つねに自分を開いて、五感をフルに働かせていないと、「啐啄の機」、つまり不思議な出会いは起こらないと思います。

植松　インターネットと本の関係にも言えますね。インターネットは必要な情報をピンポイントで入手することができますが、それでは「啐啄の機」は訪れません。本屋さんに行って、知らない本と偶然出会うことで、意図しない情報が手に入る。自分が知っているもの、自分が気持ちいいものだけをつかんでいると、成長はない気がします。

清水　僕が尊敬する森信三《もりしんぞう》[*34]先生も、**「人生、出会うべき人には必ず出会う。しかも、一瞬遅からず、一瞬早からず」**とおっしゃっています。歳を重ねてみると、本当に偶然の出会いが、いまの自分をつくっていることに気づきます。若い人は、そのチャンスに敏感でいて欲しいですね。

*32　啐啄同時　宋代の仏典『碧巌録』七則・十六則に記されている言葉。狭義では、悟りを得ようとしている

弟子に、師匠がすかさず教示を与え、悟りの境地に導くことを指す。

＊33 斎藤一人（一九四八‐）「銀座まるかん」創業者。長者番付の常連としても知られている。著書に『変な人が書いた成功法則』（講談社）、『二千年たってもいい話』（イースト・プレス）などがある。

＊34 森信三（一八九六‐一九九二）哲学者・教育学者。神戸大学教育学部教授などを歴任した。宇宙の哲理と人間の生き方を探求する「全一学」を提唱した。

現状批判より「だったらこうしてみよう」を

清水 植松さんの社長室には、ＤＶＤもいっぱいありますね。『未来少年コナン』[＊35]は、僕も最初に観たとき感動したな。

植松 本当に感動しましたよね。主人公の子どもたちが、途中から自分たちで仕事をしようと努力するんですよ。その姿がすごく勉強になりました。

清水 ほかにも懐かしい作品がたくさんありますね。

植松　『ルーツ』[*36]は大好きな作品ですね。ものの見方が変わります。当時の奴隷の人たちって苦しい生活ではあったけれども、実は冬の間は仕事がなかったんです。冬はみんな、わりと自由に暮らしていた。食うものもあって、住むところもある。ということは、いまの日本人は奴隷以下なんじゃないかって思って。一年中、仕事に追われて、食うにも困っていたりする。一度、**「もしかしたら自分は奴隷以下なんじゃないか」と疑ってみる**といいと思います。

清水　ブラック企業をなくす取り組みや、非正規社員を正社員にする法整備も当然必要です。でも、それより若い人は「雇い方」を勉強したほうがいいと思います。さっきも言ったように、「雇われ方」しか勉強していないと「奴隷」のまま抜け出せない。

植松　問題を考えるとき、何かのせいにした段階で思考が止まるんだろうなと思いますね。

清水　植松さんのよくおっしゃる、「だったらこうしてみよう」ですね。本屋業界の人と話していても、現状の批判ばかり出てくる。本が売れないのはゲームにお客を取られているせいだとか、スマートフォンが普及したせいだとか。たしかに一理あるんだろうけど、発展性がないですよね。「だったらこうしてみよう」がない。この本を読んでいる人は、**もし困難に直面したときは、何かのせいにするのではなく、「だったらこうしてみよう」と考えてみてください。**一歩、前に進むことができるので。

＊35『未来少年コナン』 一九七八年、半年間にわたってNHKで放送されたアニメ作品。全二六話。日本を代表するアニメーション監督、宮崎駿が初めて監督を担当した作品として知られる。

＊36『ルーツ』 一九七七年に放送された、アフリカ系アメリカ人作家、アレックス・ヘイリー原作の同名の小説をもとにしたテレビドラマ。黒人奴隷の問題を描き、社会現象となった。リメイク版は二〇一六年に放送された。

常識ががらりと変わる名著『平和の発見』

植松 先日、『ルーツ』のリメイク版がテレビで放送されていたんです。面白いなと思ったのが、単純な善悪で描いていないんですよ。白人から武器を買うために、黒人を奴隷として売る部族なんかもいたりして。オリジナル版だと、悪い白人がやってきて、黒人を捕まえるという描き方だったんですが。

清水　ものの見方が、がらっと変わりますね。最近、昔の本ばかり勧めているのも、ものの見方を変えてくれるからです。そういう本が、昔はいっぱいあったんです。たとえば、一九四九年に出版された『平和の発見』[*37]という本。A級戦犯として捕まった人たちの教誨師《きょうかいし》をしていたお坊さんが書いた本なんですが、この本を読むと、A級戦犯とされた人たちの人間臭さが伝わってくる。[*38]東條英機《とうじょうひでき》をはじめA級戦犯といえば、いまでは悪魔のような扱いをされているけど、彼らは彼らなりに一生懸命、日本のために力を尽くしたんだなということが伝わってきます。

植松　そういった面もあったということは、知っておくべきでしょうね。

清水　この本は一九四九年の発売当時、すごく話題になって、何十万部も売れたそうです。ところが、一〇年前に復刊されたときは、まったく売れなかった。このギャップが僕は気になっています。

植松　何が変わったんでしょうね。
清水　いまベストセラーになっているのは、成功したいとか、長生きしたいとか、そんな本ばかりでしょう。**簡単に手に入る、具体的なノウハウばかりに興味が向いているんだ**と思います。僕なんか、A級戦犯の人たちの生の声に触れることで、がぜんやる気が出てきますけどね。どんな自己啓発本よりも役に立つ。きっと昔の人も同じ思いだったんじゃないかな。
　ちなみに『平和の発見』は、ほとんど絶版状態だったんですけど、出版社に問い合わせたら、「一〇〇冊以上仕入れてくれたら重版する」と言われたので、印刷してもらいました。ぜひ手にとってもらいたいですね。
植松　以前、[*39]船井幸雄《ふないゆきお》さんとお話しさせてもらったとき、船井さんがこんなことをおっしゃっていました。「こうすれば儲かる、こうすれば流行ると謳《うた》っているセミナーに来る人たちは、その時点で負けてるよね」って。本当にそうだなあと思いました。勝ちたいなら、人と違うことを考えなくちゃいけない。簡単に手に入る攻略法って、なんの優位性にもならないんですよ。『未来少年コナン』でも『平和の発見』でもなんでもいいから、**いろんな情報を吸収して、自分で思考して出した答えこそに価値がある**んです。

清水　船井さんもそうやって成功したんでしょうね。たぶんですけど、船井さんはハウツー本を読まなかったと思います。

＊37　『平和の発見』　一九四九年、朝日新聞社より刊行された、花山信勝の著書。副題は「巣鴨の生と死の記録」。二〇〇八年、新装復刻版が、方丈堂出版より刊行された。

＊38　東條英機（一八八四・一九四八）　陸軍軍人、政治家。一九四一年から四四年まで、第四〇代内閣総理大臣を務めた。敗戦後、連合国によって行なわれた東京裁判で起訴され、巣鴨拘置所で絞首刑に処された。

＊39　船井幸雄（一九三三・二〇一四）　経営コンサルタント。一九七〇年、船井総合研究所の前身となる日本マーケティングセンターを創業。著書は四〇〇冊を超える。

「失敗学」「稗史」がこれからは重要だ

清水 だから僕らが読むべきなのは、変な自己啓発本とかじゃなくて、昔の本や歴史の本だと思うんですよ。とくに「稗史《はいし》」*40。『平和の発見』もそうだけど、勝つか負けるかわからない、ぎりぎりのところで歯を食いしばって立ち向かって、敗れていった人たちの苦しさを知るべきです。だって、これからは「安定・安全・安心」が崩壊していくんですから。**負けた人たちの歴史を学ぶことが、これからの時代は大事になってくる**と思う。

植松 「失敗学」は大切ですね。海外だと、失敗や事故だけを特集したテレビ番組があるんですよ。失敗の中にすごくたくさんの情報が詰まっていることを、海外の人はよく知っている。ところが日本人は、失敗をなかったことにしてしまう傾向があるんです。

清水　失敗を「恥ずかしいこと」と思うからでしょうね。できることなら隠しておきたいという心理が働くのだと思います。

植松　学生の論文を見ていても、失敗した実験については書かないんですよ。成功した実験のデータだけを書く。だからその論文を読んだ人が同じ実験をしようとすると、また同じ失敗をしてしまう。こんなことをずっとくり返しているんですね。きれいごとだけの論文はもういいから、失敗の歴史こそ残して欲しいと思います。

清水　成功者と呼ばれる人の「こうしたからうまくいった」みたいな本もたくさん出ていますけど、「ウソくさいなあ」って感じてしまう。まさにきれいごとしか書いていないんですよね。一方、植松さんのロケットの実験映像は、失敗ばかりで(笑)。

植松　あえて失敗を公開しているんです。子どもたちから寄せられる感想を読んでいても、みんなそこにすごく反応する。「大人なのにあんなに失敗していいんだ！」って。「いいんだよ」って言ってあげたいですね。**失敗を隠したり、避けたりする大人が多いけど、失敗は大事なデータ**ですから。生かさないともったいないです。

＊40　稗史　正史に対して、公認されていない民間の歴史。言い伝えを記した歴史。

二九歳で死んだ吉田松陰は幸せだったか

清水　最近読んだ本に、こんなことが書いてありました。いまの日本人の判断基準は、次の二つだけになってしまっている。ひとつは「損か、得か」。もうひとつは「好きか、嫌いか」。この二つで物事を判断する人が多くなっている。これって、要するに子どもの発想ですよね。

植松　大人だったら、**損とわかっていてもやらなくてはいけないこと、嫌いでもやらなくてはいけないことがある**はずですよね。

清水　損得や好き嫌いを抜きにして、やるべきことがあるはずなんです。「恩送り」という言葉がありますよね。誰かから受けた恩は、直接その人に返すのではなく、別の人に「送る」という考え方。僕らがいま、豊かな生活を享受できているのは、先人たちのおかげです。その先人から受けた恩を、次は僕らが子どもや孫の世代に送らなきゃって、この歳になって本気で思うんです。

植松　いまの自分たちの思いや行動が、五〇年後の人たちの暮らしをつくるわけですからね。

清水　僕はもう生きていないだろうけど、五〇年後の人たちに何ができるか。真剣に考えなくちゃ。もう先は長くはないだろうし(笑)。

植松　でも、時間というのは相対的なものですからね。**その人にとって豊かな時間だったか、それとも味気ない時間だったかで、時間の長さは変わる**はずなんです。

清水　そういう概念、もっと広めたいですよね。なんにも冒険しないでただ流されていたら、どれだけ人生の時間が短いことか。*41吉田松陰《よしだしょういん》なんて二九歳で亡くなったけど、すごく充実した人生だったと思う。

植松　物理的な年数よりも、精神的な年数を大事にしたほうがいいですよね。

清水　はっきり言って、僕はいつ死んでもいいと思っています。明日死んでもいいくらいの気持ちで未来を考えている。

植松　本って、他人の人生を、自分の人生に取り込めるじゃないですか。そういう意味では、寿命が延びたのと同じ効果があると思うんです。**長生きしたければ本を読めばいい**んじゃないかなって。

清水　それいいですね。今度、講演で使わせてもらおう（笑）。NHKの番組で観た話ですが、健康長寿にいちばん効果的なのは「読書」とAIが答えを出したそうです。

植松　何も読まないでいたら、僕らは石器をつくるくらいで終わるんじゃないかと思います。頑張っても土器くらいかな。とにかく、情報を入れる努力をしたほうがいいですね。

＊41　吉田松陰（一八三〇 - 一八五九）　幕末期の武士、思想家、教育者。明治維新の精神的指導者。松下村塾を主宰し、高杉晋作、久坂玄瑞、伊藤博文、山県有朋ら、多くの門人を育てた。安政の大獄により、二九歳で刑死。

ひと昔前の日本に学ぶべきこと

清水　『なぜ世界は日本化するのか』[*42]という本に書かれているんですが、欧米も、日本も、中国も、これまで大量生産・大量消費を是としてきました。でも、その時代を過ぎたら、必ず質が求められるようになると思うんです。これから大量生産・大量消費の世の中になっていくであろうインドやブラジルのような新興国も、最終的には同じ道をたどるのではないかと。

植松　なるほど。

清水　そんな社会が訪れたとき、いやもうすでに訪れつつあると思うんですが、世界をリードしていくのは日本だと思うんです。**まさに、世界が「日本化」していく**。たとえば、前回のオリンピックで、日本は四〇〇メートルリレーで銀メダル[*43]を取りました。なぜ取れたかというと、バトンリレーの「質」が高かったからですよね。今後、ああいった現象がいっぱい起きてくると思うんです。

植松　何を「質」と呼ぶかですね。車でいうと、たしかに日本製の車の電気まわりは壊れにくい。ただ、フェラーリの新型は明らかにスピードに優れているんですよ。ハンドリングも異次元です。それと比べると、日本の車のほとんどはヘナヘナというかね。走行性能の質に関して言えば、ヨーロッパ勢のほうが圧倒的ですね。飛行機も日本製はほとんど普及していないし、コンピュータに至っては、富士通をはじめ日本のメーカーはほとんど撤退しました。家電だってほぼ全滅。僕からすると、日本の技術はどんどん劣化しているように見えます。

清水　なるほど。でも、昔は違ったわけですよね。どうしてそうなっちゃったんでしょう。

植松　日本って、商社みたいな「売る会社」が上にあって、その下に「つくる会社」がある構図になっているんです。さらにものをつくる会社の中にも、事務部門があって、営業部門があって、その下に開発部門がある。結局、途中でどんどん抜かれてしまって、いちばん重要な開発部門に回るお金が残らないんですよ。最低限まで削られた、安いコストでものをつくることを強いられる。これが問題の元凶だと思います。こんな調子では、海外製品と同じ土俵に乗せることすらできません。

清水　よく例に出すんですが、欧米のティーポットって注ぎ口がまっすぐですよね。けれど日本の急須は、注ぎ口が曲線になっている。だからお茶が相手のほうに飛び出したりしない。昔の日本のものづくりには、一点一点、こういう思いやりが込められていたように思うんです。

植松　たしかに細かい工夫がありましたね。それがいつしか「損か、得か」で判断するようになって、一気に日本の製品は普通になってしまった。日本の質が高かったのはバブル前までだった気がします。

清水　寂しいですね。

植松　だから、「世界がひと昔前の日本化する」だったら、いいことなんです。質とこだわりを大事にしていたときの日本。それは人間を大事にしていたときの日本でもある。**人間よりも損得を大事にするようになった日本に、はたして明るい未来はあるのか。**僕は悲観的ですね。

＊42 『なぜ世界は日本化するのか』 二〇一七年に扶桑社より刊行された、経営コンサルタント、佐藤芳直《よしなお》の著書。グローバリズムの時代にあって、日本が「より日本であり続ける」ことを提唱している。

＊43 銀メダルを取りました 二〇一六年に行なわれたリオデジャネイロ夏季オリンピックで、日本代表がジャマイカに続く銀メダルを獲得（山縣亮太《やまがたりょうた》、飯塚翔太《いいづかしょうた》、桐生祥秀《きりゅうよしひで》、ケンブリッジ飛鳥《あすか》の四選手）。一〇〇メートル九秒台の選手が一人もいないにもかかわらず見事な結果を収めたことで、世界中から注目を集めた。

「昨日の自分」と違う自分を目指せ

清水　植松さんの会社は、多岐にわたるプロジェクトを進めていますよね。

植松　いっぱいありますよ。医大と連携して医療機器の開発もやっているし、探検家と連携して北極探検の新型ソリの開発もしています。いま構想しているのは、直流送電を広めることですね。

清水　それは大きなプロジェクトですね。

植松　いま日本が採用しているのは、交流送電という方式です。交流で発電した電気を運んでいる。ところがこの方式だと、電気を溜《た》めておくことができません。だから発電所の能力はピークパワーに設定されている。つまり、もっとも電力を消費する季節、時間に合わせて発電をしているんです。

清水　実際には、夜はそんなに使っていなかったりするのに。

植松　もったいないですよね。それに太陽光発電も、風力発電も、ぜんぶ直流で電気をつくっているんです。それを一度、交流に変換している。ところが家電製品はほとんど直流で動いている。つまり、直流を交流に変換して、また直流に戻しているんです。これを直流に一本化するだけでも、二割くらい電力消費が減ります。

清水　なぜ初めからそうしなかったんですか。

植松　おそらく事の発端は世界恐慌だと思います。エジソンが電気を発明したとき、彼は直流でやりたかったんです。ところが当時のアメリカは、大恐慌の経済対策として公共事業をたくさんやる必要があった。それでダムをいっぱいつくるんです。ダムって山奥にある。すると、長い距離を送ることができない直流が使えない。そういうわけで、交流が一気に普及しちゃったんです。

清水　でも、いまの日本で直流を普及させようとするには、しがらみが多すぎるでしょう。

植松　猛烈にあるでしょうね。電力会社に雇われたゴルゴ13[*44]が、うちにやって来るかもしれない(笑)。だからこっそりやるのがいいですね。少しずつ実績をつくって、自然と人々が「こっちのほうがいいじゃん」ってなるのを待つしかないと思う。

清水　でも、植松さんの本業とは、一見関係ないですよね。なのに、どうしてやろうと思うんですか。

植松　**納得いかないものを、納得いかないままにしておきたくないんです。**おかしいなと思ったら、黙っていられない。自分だったらこうするのにって、やりたくなっちゃう。おそらく、仕事の本質ってそこじゃないかな。世の中に職業はいっぱいあるけど、「よりよく」を求めることこそが仕事だと思います。

清水　その積み重ねで歴史ができていくわけですからね。

植松　三つ星レストランだって、一〇年同じことやっていたら、おそらく三つ星を維持できないと思う。**微妙な変化でもいいから、日々、昨日の自分とは違う自分を目指していく**ことにこそ成長があるんです。現状維持は衰退です。僕らがマグネットを開発したのも、解体現場に行って、これって危ないなと思ったからなんですよ。働いている人に聞くと、「仕事だから仕方ない」「慣れれば意外と平気だ」って言う。けれど、それだと発展はありません。

清水　そこでなんとかしようと思って考えたのが、マグネットなんですね。

植松　ふだんの日常生活や仕事の中には、小さな問題がたくさんあるんです。みなさんの身の回りにも必ずあるはず。それを「仕方ない」と思って見過ごさないことが大切です。みんながつねに「よりよく」を考えれば、世の中はもっと発展していくと思います。

＊44　ゴルゴ13　さいとう・たかをの漫画作品『ゴルゴ13（サーティーン）』の主人公、デューク東郷のこと。作品は一九六八年より現在まで、『ビッグコミック』（小学館）にて連載されている。

3章

君はなんのために働くのか

お金は「もらう」ものではない

清水　労働観についてもお話ししたいんですが、いま政府が「プレミアムフライデー」[*45]なるものを推進していますよね。

植松　非常にバカげた話ですね。なぜこういうことが起こるかというと、**法律を制定する人たちが、サービスを受ける側だから**ですよ。サービスを提供する側の論理ではないんです。仮に早く仕事を終えて遊びに行くことが経済を活性化させるのだとしても、サービスを提供する人がいて初めて成り立つ話ですよね。サービスを提供する人がいなければ、居酒屋も閉まっちゃうし、ディズニーランドも早く終わっちゃうし、電車だって止まっちゃう。

清水　消費者の発想ですよね。前提にあるのは、労働がつらいものだっていう考え方だと思うんです。どうして「仕事は楽しいものだ」っていう考え方にならないのかなと。

植松　考えてみると、僕らは学校で「言われたことを聞くこと」ばかり教えられてきました。だから、**お金は「言うことを聞くともらえるもの」という考え方がしみついているんです**。そして、そういう仕組みの中で働いている大人たちは、自分の子どもにも「仕事とはそういうものだ」と伝えてしまう。子どもたちもまた、お金はもらうものだと思ってしまう。

清水　この連鎖をどこかで断ち切らないと。

植松　「もらう」は英語で「ギブ・ミー」ですが、「くれ」も「寄越《よこ》せ」も「奪う」もぜんぶ同じなんですよ。つまり、お金はもらうものと考えている人は、「お金を奪う」と紙一重の世界になっちゃうんです。いかに働かないで奪うか、という方向に走ってしまう。

清水　奴隷思想ですね。

植松　お金は「もらう」ものでも、ましてや「奪う」ものでもなく、「生み出す」ものです。自分の中にある能力こそが、お金を生むんです。**お金は銀行にあるのではなく**

て、自分の中に詰まっているということ、そして学ぶことでそれを増やすことはいくらでもできることを、子どもたちには伝えたいですね。

＊45 プレミアムフライデー　二〇一七年より、政府と経済界が提唱しているキャンペーン。毎月末金曜日、午後三時に仕事を終えることを推奨して、個人消費の拡大を狙っている。

その仕事に成長と経験はあるか

清水　「お金はエネルギーだ」と表現する人もいますよね。

植松　僕は、知恵と経験はすべてお金だと理解しているんです。だから会社の子が新しい仕事を見つけてきたときは、「いくらもらえるかなんて気にしなくていいよ、持ち出しでもいいよ」と言います。その代わり、**どんな人脈が手に入るのか、どんな新しい経験ができるかを重視する**。それがプラスだと判断できれば、やってもいいよと。

これで損したことは一度もないですね。最初は持ち出しになったとしても、その経験によってできることが増えて、あとで回収できたりする。だからうちの宇宙開発事業なんて、言ってみればものすごい儲かっていますよ。だって、会えるはずのない研究者にも会えるんですから。

清水　僕もお店を始めたころは、出張販売に来てくれという依頼があったら、日本全国どこでも行っていたんです。九州の宮崎に来てくれと言われたときも、いまから考えるとどうなのって思わないでもないけど、そのときは嬉しくて飛んで行った。

いまでも覚えているんですけど、ある先生に頼まれて、車に本を積んで大阪まで売りに行ったんです。でも、その先生の講演がよっぽどつまらなかったんでしょうね、たった一冊しか売れなかった（笑）。

植松　それは大赤字ですね。

清水　それでも懲りずに飛び回っていたら、名前を覚えてくれる人が徐々に増えて、そのうち日本中からお客さんが来てくれるようになったんです。通販だって日本中から注文が来ていますす。当時はもちろん、そんな計算はしていませんでしたけど。

植松　損得を考えずに動かなくちゃいけない時期って必ずありますね。商いをする以上、儲からない時期は必ずある。最初に投資をするからこそ、やがてリターンが生まれるんだから。

現代版「丁稚奉公」のすすめ

植松　そう考えると就労って変だなと思っていて。最初は能力もないのに、当たり前に給料が出るじゃないですか。その仕組みがおかしいんじゃないかって。

清水　だから丁稚奉公《でっちぼうこう》って、よくできたシステムだったのかもしれない。

植松　最近、それに近い専門学校が増えてきましたけどね。オン・ザ・ジョブ・トレーニングで勉強して、優秀な人はその会社に勤めるみたいな。

清水　福島の白河市って、いま街じゅうにラーメン屋さんがあるんですけど、最初に始めたのは「とら食堂」[*46]っていうラーメン屋さんなんです。美味《おい》しくて評判のお店なので、全国から修業させてくださいっていう人が来るらしいんですが、三年間、ただ働きだそうです。その代わり、つくり方から何まで、惜しげもなく伝授してくれる。そして三年間、頑張ったあかつきには、マージンを取るわけでもなく、のれん分けしてくれるそうです。その結果、白河にラーメン屋さんがたくさんできて、観光客が訪れるようになった。結果的に、町おこしにもなったんです。

植松　シルク・ドゥ・ソレイユ[*47]みたいなラーメン屋さんですね(笑)。あそこもたしかオーディションに合格しても、すぐには出演できないらしいです。最後まで残ってオファーが来た人しかパフォーマンスできない。

清水　そういう会社はこれから増えていくでしょうね。

植松　だって、あれだけ大学にお金を巻き上げられて、使いものにならない学生を企業は寄越されて、その人を育てるのにお金をかけて、結果やめていきましたとなったら、誰も幸せにならないですよね。**大学に行くお金があるなら、丁稚奉公で働いてみ**

るのもありじゃないのって思います。

清水　だから本当に大学に行く必要があるのか、よく考えるべきですね。本当に勉強が好きなやつは行ってもいいだろうけど。

植松　何を学びたいか明確な人は、大学に行ったらすごく伸びると思います。でも、偏差値で入れるところに入っちゃった結果、何しているんだかぜんぜんわかりませんという子もいっぱいいますね。本来はすごく頭がいいはずなのに、使いものにならなくなっている感じがする。いまの偏差値至上主義の受験産業は、本当に危険だなと思います。

だから、三年後の大学受験改革がうまく働けばいいと思うんですけどね。でも、ちょんまげが散切《ざんぎ》り頭になるくらいの価値観の変化ですから、ついてこられる人はどれだけいるか。

清水　でも、そのくらいの変革が必要ですよね。本屋業界だって、変われないからバンバン潰れていています。

植松　僕もいろんな経営者と話すんですが、このままではまずいというのは、みんなだいたいわかっているんですよ。だけど、何をしていいかわからない。「**なんでもやってみれば？**」と思うんですけどね。

＊46　とら食堂　田んぼの真ん中にある、全国的に有名な「白河ラーメン」発祥の店。手打ちのちぢれ麺と、しょうゆ味のスープが特徴。住所は福島県白河市双石滝ノ尻1。

＊47　シルク・ドゥ・ソレイユ　一九八四年に設立された、エンターテインメント集団。サーカス、大道芸、オペラなどの要素を取り入れた内容で、世界中で幅広い人気を集めている。

「してもらう喜び」から脱せよ

清水　そもそも莫大《ばくだい》な富とか、必要ないですよね。僕なんか普通に食っていけるくらいあれば満足だけど。

植松　同感ですね。

清水　さっき話に出た執行草舟さんは、ビジネスでも成功していらっしゃる方なんですよ。でも、稼いだお金はぜんぶ絵画とか、書とかに使っちゃうんです。それで会社の中に美術館をつくって、無料で公開している。素晴らしい作品を後世に残したい、そしてそれを見た若い人たちに何かを感じてもらいたい、そんな思いで私財を投じているんです。お金ってこういうふうに使うべきものなんだなと学びました。

植松　お金で手に入るものって、しょせん「してもらえるもの」でしかないんですよ。この世にないサービスは手に入らない。それなら、この世にないものを自分でつくったり、つくろうと頑張ったりするほうが、ずっと人生は豊かになると思う。ラーメン屋さんの行列に並ぶより、自分でそれ以上の味が出せるように研究したほうが楽しいでしょう。

清水　ずっと楽しいですね。

植松　「してもらう喜び」しか知らない人は、きっとお金にとらわれちゃうんだろうなと思います。**自分で生み出す喜びを知ると、お金に振り回されなくなります**ね。では、どうやって自分で生み出す能力を身につけるのか？　その能力は学習と経験によって得られるものだから、まずは本を読むこと。つまり、本を読むことはお金に勝るものとも言えるんです。本はお金に勝つんです。

社員が幸せになる「働き方」

清水　僕はいまでこそ本の仕事をしていますけど、昔は本が嫌いだったんです。なぜ嫌いになったかというと、みんな心当たりがあると思うんですが、夏休みに読書感想文を書けって言われたから。仕事もまったく同じで、**やれって言われてやっているようだと、たぶん好きになれない**と思いますね。嫌々やっている状態がいつまでも続くことになる。そんな人生を送るのは、ちょっともったいないと思います。

植松　だからうちの会社は、稼働率を下げる努力をしているんです。一〇〇パーセントの仕事をこちらから与えてしまうと、全員一〇〇パーセント働くことになってしまう。それだと差が見えません。ところが、こちらから与える仕事を減らすと、自分で仕事を見つけられない人間はボーッとするしかないから、見分けがつくようになる。結果として、**自発的、主体的に仕事を見つけ出せる人だけが残る会社**になりました。

清水　うちもそうしようかな（笑）。

植松　マグネットをつくりながら、自分がやりたいロボットの部品をつくっているとか、うちはそんな仲間ばかりです。

清水　そういう働き方のほうが、社員の方も楽しいでしょうね。

植松　会社の仲間にはよく、「会社の設備は、みんなが力を合わせたから買えたんだよ」と言っています。「会社のものはみんなのものだから、好きに使ってかまわないよ」と。そうすると、時間の空いた社員は、自分の趣味のパーツをつくり始めるんです。実はそれってすごくいいことで、お客さんがいる製品だと冒険できないんですよ。ところが、自分の趣味のものだったら冒険し放題なんです。失敗だっていくらでもできる。結果として、その機械を使いこなせるようになるんです。それがうちの会社にとってもプラスになる。

清水　植松さんのような労働観を、この本を通して広めていきたいですね。

植松電機の「採用基準」とは

清水　植松さんが一緒に働きたいと思う人って、どんな人ですか。

植松　うちが人を雇うときの基準は、まず**しゃべって面白いかどうか**ですね。立て板に水でうまくしゃべる人という意味ではないですよ。普通に雑談して盛り上がる人、話題がふくらむ人ということです。話題がふくらむということは、いろんなことに興味があるということですからね。

清水　ほかには何かありますか。

植松　知らないことは知らない、わからないことはわからないと言える人ですね。とくに能力のないうちは、**まわりの人に「助けて」って言えることがいちばん大事**。最初からフルパワーの能力は期待していないので、焦らずやってくださいと言っています。

清水　植松電機に入りたいという学生は来ますか。

植松　正直、応募は少ないですね。仕事はいくらでもある状態なので、もっと人を増やしたいんですけど。設備ばかり増えちゃって、建物もどんどん増えていくから、人口密度が異常に低い会社になってしまった（笑）。

清水　誰がどこにいるかわからない（笑）。

植松　先日も大学生の子が、うちの会社に入りたいって来てくれたんですよ。試しに一週間、働いてもらったんですけど、「自分の力で会社をよくしたいと思っていたけど、足元にも及びませんでした。大学に戻ってやり直してきます」って言うんです。でも君が大学で勉強している間、こっちも勉強するから、その差は縮まらないどころか開くよ、君さえよければここにいていいんだよって勧めたんだけど、結局帰ってしまいました。

清水　もったいない気がするなあ。ぎりぎりのところでもったいない子、いるんですよ。

植松　迷惑かけちゃいけない、っていう意識がすごく強い気がしますね。心配してくれる人がいるだけ花だよって思うんだけど。たぶん、迷惑と心配の線引きがうまくいかなくなっているんですよ。僕、子どものころ、よくケガをしていたんです。すると母が怒るんですね。だから僕の中では、「ケガをしたら母に怒られる」「迷惑をかけてごめんなさい」という気持ちになる。でも、母は心配して怒っているんだから、本当は**「心配してくれてありがとう」と思えばいい**んです。こういうちょっとした親の接し方によって、心配イコール迷惑になっちゃう場合があるのかなと思います。

清水　新人のうちは、心配してくれる人がいることをありがたいと思ったほうがいいですね。

植松　そうですね、恐縮で返しちゃいけない。感謝と、あとは行動で返せばいいんです。

「本当の勉強」とはこういうことだ

清水　志望者はやはり理系の学生が多いんですよね。

植松　そんなことないですよ。うちはむしろ文系のほうが伸びます。理系は自分をカテゴリで分ける傾向があって、機械科の子だったら機械しかやらないってなるんです。でも文系の子は守るものがないらしくて、なんでも興味を持ってやりたがる。それに文系の子は人と関われるし、本を読むでしょ。だから理系よりもぜんぜん伸びます。

清水　意外でした。こういう仕事だから、理系ばかりなのかと。ちなみに学生のころの植松さんは、勉強好きでしたか？

植松　大っ嫌いでした（笑）。世界史は大好き、物理も大好き。でも、学校の教科書との相性の悪さがすさまじくて、自分で勝手に世界史や物理の本を読んでいました。数学も、学校の数学はまったくわからない。だけど、自分で微分・積分は勝手にやっている感じでした。それが間違っていなかったと初めて思ったのが大学に入ってからで、**自分がこれまでやってきたことは「学問」だったんだ、**って気づいたんです。

清水 学校の授業はなんだったんだって。

植松 高校三年間、あんなムダな授業に時間を費やして、僕にとっては大損失だと思いました。

清水 高校から大学みたいにすればいいのに。

植松 それが「スーパーサイエンスハイスクール」[*48]ですね。評議員もやらせてもらっているんですけど、内容は素晴らしいですよ。基本的に「調べ学習」なんです。小学校がやっていることですね。それを高度化している。この学習を受けた子たちはすごく伸びます。ただ、受験のランクは下がっていくんですね。

清水 受験は、基本的に「詰め込み学習」ですからね。

植松 **受験というものが選び出そうとしている人材と、社会が求めている人材がまるで違う**という状況になっていますね。

清水 僕は高校時代に『火の鳥』[*49]を読んだら、生物にすごい興味を持ってしまって、生物だけものすごく勉強しましたね。生物だけはテストの点数がよかった。

植松　僕は世界史を深掘りした結果、学校の成績が落ちましたね（笑）。シュメール文明とか面白いんですよ。あの時代に、お金が初めて生まれたんです。お金というのは、人間の労働力を移し替えたり、輸送したり、蓄えたりできるようにする概念なんだということを初めて学びましたね。

＊48　スーパーサイエンスハイスクール　科学技術系のエキスパートを養成する目的で、文部科学省が特別に指定する高校のこと。二〇〇二年にスタートし、現在、全国二〇〇校以上が指定を受けている。

＊49　『火の鳥』　漫画家、手塚治虫がライフワークとして位置づけた代表作。古代から未来までの地球と宇宙を舞台に、生命の本質、人間の業を壮大なスケールで描いた。

「そもそも論」を考える

清水 僕は「そもそも論」が大切だと思っているんですね。労働の話にしても、お金の話にしても、**「そもそも労働とは？」「そもそもお金とは？」ということを考えるべきだと思う。**

植松 「そもそもなぜ大学に行くのか？」とかね。

清水 昔は「みんなが行くから」とか、「いい会社に入りたいから」とか、それでよかったと思うんですよ。でも、いまの時代は「そもそも」から外れてきてしまっている。だから改めて「そもそも」を考えないと、かわいそうな人生になっちゃうと思うんです。

植松 おそらく一九七〇年代の終わりから八〇年くらいだと思うんですけど、学生運動が一気になくなっていくんです。何が変わったのか考えてみると、大学と就職とが直結したのがそのころだと思うんですよ。「いい会社」に入るために「いい大学」に行かなくちゃ、という認識が広まった。当然、学生運動なんてできるわけないですよね。

　さらにそのころマークシートが普及して知識偏重になり、共通一次試験が始まって大学の序列化が進んで、という流れがあります。**「いい会社」に入るには「いい大学」に行かなくちゃいけないっていう商売ができ上がった瞬間から、日本の教育は一気にダメになった**のかなという気がしています。

清水　社会が求めている人材とのギャップがそこから生まれたわけですね。

植松　とある科学技術を振興している団体から、子どもたちの理科離れについて考えて欲しいと頼まれて、何度か評議会に出たことがあるんですね。そのとき毛利《もうり》衛《まもる》[*50]さんもいらっしゃったんです。で、いろんな先生方が、理科離れは先生のせいだとか、親のせいだとかガンガン言っている。でも毛利さんは渋い顔で黙っている。最後に毛利さんが初めて口を開いて、こんなことを言ったんです。「みなさんは理科がなんのためにあるのか知っていますか？　理科だけではありません。**学問というものは、社会の問題を解決し、社会をよくするためにある**んです。そのことを誰も教えないから理科離れ、学問離れが起きているんです」。本当は学問というのは社会の役に立って、しかもそれがお金にもなることを示すべきなんですよね。そして最後に毛利さんが、「それを示しているのが植松電機です」とおっしゃってくれた(笑)。

清水 それは嬉しいですね！

植松 あのときは涙ぐみました。でもその言葉でみんな黙っちゃいましたね。それまでみんな何かのせい、誰かのせいにしていたのに。

清水 まさに「だったらこうしてみよう」の精神ですね。

＊50 毛利衛(一九四八-) 宇宙飛行士、技術者。一九九二年、スペースシャトル「エンデバー」に搭乗し、秋山豊寛《あきやまとよひろ》氏に次ぐ二人目の日本人宇宙飛行士となった。

「疑う」ことからすべてが始まる

植松　時代が変化するときは、それまで信じていたものを疑ったほうがいいと思っているんです。とくに、**いま自分が感じている不安は本当なのか、という疑いは絶対持つべきです**。たとえば、「大学に行かなかったら大変なことになるよ」と言われたとき、それで不安になるんじゃなくて、「大変なことって具体的にどんなことですか?」っていう話をしなくちゃいけない。そこまで突っ込まないと、大人は適当なことを言いますからね。

清水　疑うことは非常に大切ですね。

植松　あと、大学の学費って、みんな素直に払うじゃないですか。「なぜこんなに高いの?」って、どうして質問しないのかなって思うんですよ。具体的な内訳を見せてよって。

清水　考えてみると、僕もつねに「それって本当かな？」って疑っています。たとえばいま流行りのチェーン店なんかは、店内にカフェが併設されているところが多いですよね。それが本を売るいい方法だと思っている。でも僕なんかは「本当かな？」って思うんです。

植松　僕はたくさん本を買うほうだと思うけど、たぶんコーヒーは飲まないですね。せっかく本屋さんに来ているのに、時間がもったいないでしょう。一冊でも多くいい本に出会いたいのに。

清水　そうですよね。本好きの人はコーヒーを飲むより本を見たいし、ただコーヒーが飲みたい人は、わざわざ本屋に来ないだろうって。もちろん正解かどうかはわかりませんよ。コーヒーを売って、実際に売上が伸びているお店もあるかもしれない。でも、こうやって疑ってみることが大切だと思っているんです。

本来、「信じる」ことって大切なんですよ。「これは絶対いいものだ」とか「これは自分がやるべきことだ」とか、腹の底から信じ切れたとき、大きなパワーが生まれる。ただ、**「疑う」ことをして初めて、本当の意味で信じることができるんです。**

植松　疑いもせずにただ信じていたら、「盲信」ですよね。

本当に正しいお金の使い方

清水　先日タクシーに乗ったら、たまたま降りるときにカチッとメーターが上がったんですね。昔だったら「チェッ！」と思っていたけど、最近はメーターが上がったことで運転手さんの役に立てたと思えるようになったんです。自分がお金を払うことでみんなが豊かになる。そして、「風が吹けば桶屋《おけや》が儲かる」ではないけど、その豊かさは自分に戻ってくるって。でも、本屋で立ち読みをして、お金を払わない人がいると、そこで豊かさの循環がプツッと途切れてしまうんですよ。

植松　よくわかります。会社も、経営が厳しくなると取引先を叩いて少しでも安くしようとする。従業員の給料もぎりぎりまで切り詰める。すると、**会社の決算書はよくなるんですけど、社会全体はどんどん疲弊していく**んです。景気がしぼんで、人々のエネルギーも低下していく。そうなると、翌年の決算は悪くなる。そんなことをみんなでやっているような気がします。

清水　昔読んだ本に、「会社の第一目的は、人をどれだけ雇えるかだ」と書いてあったのを思い出しました。すごく感心した言葉なんですけど、いまは真逆でしょう。雇うどころか、派遣や契約社員にどんどん置き換えている。

植松　僕が会社をやっていてよく考えるのは、資本の投資先をどこにすべきかということです。まず、銀行に預けたってほとんど利子なんかつきません。預金はいちばんの愚策ですね。じゃあ設備に投資するかといえば、償却して毎年どんどん性能が落ちていく。**唯一、増えっぱなしなのが「人間」**だと思うんですよ。ということは、派遣や契約の人を使い捨てにすることは、いちばんの投資先をみずから捨てていることになるわけです。そういう会社は長く残らないだろうなと思います。

清水　これから生き残るのは、人に投資できる会社でしょうね。ソニーだってパナソニックだって、昔はそうだったはず。これ、いろんなところで言っているんですが、[*51]福《ふく》田恆存《だつねあり》という人がこんな言葉を残しているんです。「人間は生産を通じてしか付き合えない。消費は人を孤独に陥れる」と。

一九六〇年代には、「社会建設」という言葉がありました。昔は親戚のおじさんなんかが、「東京タワーは俺が建てた」「高速道路は俺がつくったんだ」としきりに言っていましてね。要するに、一人ひとりに社会は自分たちがつくっているという意識があったんです。だから、たとえば飲食店の客にも、「釣りはいらないよ」と言う人が多かった。消費にも「情」があったんですね。何かを一緒につくっているという意識がないと、情は生まれないし、その情がない消費社会は孤独な社会になってしまう。そう福田恆存は言っていたんだと思います。

植松　ああ、いい言葉ですね。

清水　植松さんの会社も、「ロケットをつくる」という目的があるからこそ、みんな一致団結していると思うんです。そこには夢があって、人情があって、生きがいがある。ところが情のない消費は、ブランドものの服を買うにしろ、スマホのゲームに課金するにしろ、すればするほど無味乾燥な人間関係を生むことにつながるような気がする。

植松　僕、「経済効果」っていう言葉が好きじゃなくて。結局、消費したお金の金額を指しているだけのことが多いでしょう。生み出された価値についてはどう評価するのかな、という疑問があります。**お金を使って、使ったぶん以上に価値があることをすれば、きっとお金は増えていく**んですね。そういう意識を持ってお金を使うようにするといいのかなと思います。

清水　「経済成長」という言葉は、発展途上国と呼ばれる国々のセリフだと思うんです。日本はもうここまで来たんだから、本当の意味での「先進国」になるには、いま植松さんがおっしゃったような成熟したお金の使い方をしていったほうがいいと思います。

＊51　福田恆存（一九一二‐一九九四）評論家、翻訳家。保守派を代表する論客で、劇作家、演出家としても知られている。代表作に『人間・この劇的なるもの』（新潮社）などがある。

あなたの「尊敬する人」は誰ですか？

清水　以前、中学校へ講演に行ったとき、「尊敬する人は誰ですか？」とみんなに聞いてみたんです。すると返ってきた答えが、「両親」とか「先生」とか、身近な人ばかりだった。もちろん、親や先生を尊敬するのは悪いことではないですよ。でも、たとえばエジソンを尊敬しているとか、それこそ毛利衛さんを尊敬しているとか、そういう答えが出なかったのが気になりました。

植松　おそらく知らないだけなんでしょうね。

清水　だと思います。**偉人の伝記とかを読んでいないと、自分の半径三メートルにしか尊敬できる人がいなくなる。**

植松　伝記は面白いですけどね。『ファーブル昆虫記』は、大人のみなさんにもぜひ読んでもらいたいです。小中学生向けに短くしたやつは、たいがいつまらないんですよ。

でも大人向けの一〇巻くらいあるようなやつは、素晴らしい内容です。集英社から出ている、『完訳 ファーブル昆虫記』がお勧めですね。

清水 うちの店にも置こうかな。

植松 『ファーブル昆虫記』って、名前だけは知っている人が多いと思うんだけど、ファーブルが昆虫について疑問に感じたことを、ひたすら検証していく話なんですよ。試してみたけどダメでした、条件を変えて試してみたけどやっぱりダメでしたっていう、そのくり返しが延々と続いていく。それが一〇巻だから、読むのは正直大変だけれども、科学的な考え方、問題解決的な考え方を養うのにはぴったりですよ。

清水 子どものころに読んだ『ファーブル昆虫記』とは、印象がずいぶん違うんですね。

植松 ライト兄弟[*52]の伝記も面白いですよ。読んでみると、意外とライト兄弟って嫌なやつだったんだなっていうことがわかる(笑)。彼らは自分たちが取った特許を、誰にも使わせまいと頑張ったんです。その結果、いろんな国の人たちが、それをすり抜ける発明をしてしまった。結局、ライト兄弟の飛行機よりも性能のよい飛行機が現れることになったんです。特許を独り占めしないで、みんなに使ってもらって、それで得られた資金でもっといろんな研究をすればよかったんです。僕もライト兄弟の失敗から学んで、取得した特許はできるだけオープンにするようにしています。

清水　やっぱりみんなも、**変なビジネス本とか読んでいないで、伝記とかを読むべき**なんですよ。実際に植松さんは、こうしてビジネスに役立てているんですから。

植松　実際、すごく役に立っています。所得を上げたければ、伝記を読むといいですよ（笑）。

＊52　ライト兄弟　兄ウィルバー・ライト（一八六七‐一九一二）と、弟オーヴィル・ライト（一八七一‐一九四八）。アメリカ出身。一九〇三年、ノースカロライナ州キティホークにて、世界初の有人動力飛行に成功した。

昔の人は「命がけ」だった

清水　さっきも言ったように、みなさんには「ちょっと難しい本」を読んでもらいたいんです。

植松　昔の本は、子ども向けでも容赦のない本がいっぱいありましたからね。情報量が多いし、語彙《ごい》も豊富です。でも、ぜんぶふりがなが振ってあるから読めてしまう。

清水　子どものときに読んだ本は、いま読んでも役に立ちますね。

植松　あと、技術系の本でも、それを実際に開発した昔の人の本はすごく説得力があるんです。でも、それをつなぎ合わせて読みやすくした本はゴミみたいなものが多いです。難解だから、読者にわかりやすいように「翻訳」しようとしたんでしょうけど、結果、残念ながらゴミになっている。

清水　僕も最近は、昔の人の本ばかり読んでいます。民間人で唯一、A級戦犯になった大川周明《おおかわしゅうめい》[*53]の本とか面白かったですね。昔の人は命がけだったということが伝わってきます。

植松　もちろん命は大切にすべきですけど、**命がけと命を軽視することはまったく違いますね。**

清水　先ほどの「人間は生産を通じてしか付き合えない」という言葉ではないですが、戦前は「戦争に勝とう！」という意識を共有して、日本人はつながっていたんですね。そして戦後は、「経済成長しよう！」という意識を共有して、日本人はつながっていた。ところがいまは、意識を共有するテーマが何ひとつ見えてこない。やはり、**「みんなでこういう社会にしよう！」という、共有する何かを見出すことが必要**だと思うんです。

植松　そうですね。「こうあったらいいな」という思い、つまり夢をみんなで考えると、人々のつながりはもっと強くなると思います。

＊53　大川周明（一八八六‐一九五七）思想家。戦前における国家主義者、アジア主義者の代表的存在。東京裁判において、民間人として唯一A級戦犯の容疑で起訴されたが、精神障害と診断され免訴。

「問題解決能力」を持った大人になれ

清水　武士道[*54]についてはどんな印象がありますか？

植松　昔いろいろ考えたんですが、**日本に武士道のようなものが生まれたのは、単純に国が狭かったせいじゃないか**と思うんですよ。中国みたいな広大な国で軍隊を動かすと、はるか遠くからでもわかってしまう。「あと二日で来るな」って感じで、相手も備えることができるんです。ところが日本は狭いから、いきなり奇襲したり、寝首をかいたり、そういうことがひんぱんに起こるんですね。でも、みんながそれをやっていたら、夜眠れないじゃないですか（笑）。それで「卑怯《ひきょう》なことはやめよう」っていう約束事を、みんなで決めたんじゃないかな。

清水　新しい発想ですね。面白い。

植松　僕の推理ですけど、それが武士道の始まりのような気がします。でもそれって大事なことで、**現代の日本においても「それをやっちゃおしまいよ」っていう一線は確実に存在する**と思うんです。

清水　その一線を越える事件が多くなってきましたね。

植松　最近の子どもたちを見ていてかわいそうだなと思うのが、学校で何か問題が生じて、それを勇気を出して親に相談しても、親が解決できないんですよ。親は先生に相談するだけ。そしてその先生もまた、解決できない。すると子どもは、「大人は問題解決できないんだ」「大人ってあてにならないな」という認識を持ってしまうんですよ。

そういう子は人間も決まりも信じられなくなっちゃうんじゃないかな。問題が起きたら、自分があきらめるか、あるいは、バレなければいいと違法な手段で解決するか、そんな考え方になってしまう。その結果、自分を傷つけたり、他人を傷つけたりという、越えてはいけない一線を越える人が増えてしまっているのかもしれません。

清水　まず大人たちが現代の「武士道」を確立させて、その背中を子どもたちに見せないといけないですね。

植松　いまの子どもたちは、過剰に親に心配をかけまいとする。それは、親がすぐにうろたえるからだと思うんですよ。子どもが困って相談したときには、どんと構えて解決してくれたり、解決への道を探ってくれたりすれば、子どもは安心して大人を信頼できます。**親の問題解決能力の低さが、子どもの人間不信につながっている**気がすごくしています。

清水　なるほど。うちには学校の先生がよく来るんですが、みんなまじめで、一生懸命考えている先生ばかりですけどね。

植松　そういう先生は、まともな先生ですよ。休みの日に清水さんの本屋さんに足を運んで、勉強しよう、成長しようと思っている方たちなわけですから。僕はいろんな学校に呼ばれて行くので、いろんな先生と会うことになる（笑）。

清水　やはり「二極化」していますね。

＊54　武士道　日本の武士階級の倫理・道徳規範とされていた思想のこと。明治時代の思想家、新渡戸稲造の著書『武士道』をはじめ、さまざまな解釈が存在している。

「考えること」をやめてはいけない

植松　僕はよく先生方に話すんですが、「先生」というのは「先に生まれた」という意味ではないんですよ。**「先に生きて」それを伝える人**なんです。子どもたちが生きるべき未来を先にのぞいて、「こうなるよ」「だからこうしたほうがいいよ」って伝えるのが先生の役目だと思うんです。

清水　いまはとてつもない変化の時代ですから、「先生」の役割はますます重要になってきますね。

植松　子どもへの接し方ひとつで、その子の人生はぜんぜん違ってきますよ。以前、あまりにものを考えない子がいたので、「どうして考えないの?」って聞いたんです。そうしたら、「責任を負うのが嫌だから」と言っていました。先生や親から、「勝手なことするんじゃない」「だから言ったでしょ」と言われて育った子どもは、こういう発想になってしまう。自分の頭で判断することができなくて、許可をもらわないと何もできない人になってしまうんです。

清水 本も読まなくなっちゃいますね。

植松 人から言われたことだけをやっている人は、新しい情報を仕入れる必要がありません。当然、本も読まないということになりますね。

清水 考え続けることが大事ですね。本屋業界だって、たとえば料理のレシピだったらクックパッド[*55]でいいよね、雑誌はインターネットですんじゃうよねって、考えればわかることなんです。**だったら本屋は、情報ではなく思想を一生懸命売ればいい。**ずっとそう考えてきました。

植松 疑問を持って考えようという発想に至るためには、先ほども言いましたが、「誰かのために」という社会性を持っていたほうがいい。で、疑問を持って考えようという発想がないと、本は読まれませんよね。この論理でいくと、「誰かのために」という社会性を伸ばす努力をしないと、そもそも本の売上は伸びないのかなという気がします。

清水　「誰かを助けましょう」ということを、もっとたくさんの人に伝えるためにどんなことができるか、考えたいですね。

植松　あと、僕らの技術の世界では「上流・下流」という話があって、**いま自分のやっている仕事の「上流」と「下流」を制覇していく**といいんです。たとえば他社から仕入れている部品があったとしたら、その部品を自分でつくれるように頑張ってみる。でき上がった商品をお店に卸しているのなら、自分で販売できるように努力してみる。たとえば本屋さんだったら、自分で本をつくっちゃうというのはどうですか。

清水　一部の大手チェーン店[*56]なんかは、すでにそういう取り組みをしていますね。出版社を買収したり、印刷会社を押さえたり。うちもいずれは目指したいところですね。

＊55　クックパッド　一九九八年に開設された、日本最大の料理レシピサイト。運営元のクックパッド株式会社は、二〇〇九年、上場を果たしている。

＊56　一部の大手チェーン店　「蔦屋書店」などを展開するカルチュア・コンビニエンス・クラブ（ＣＣＣ）は近年、徳間書店、主婦の友社、阪急コミュニケーションズ、ネコ・パブリッシング、美術出版社など、出版社を次々と買収している。

「ゴミにならないもの」をつくる

清水　最近思うんですが、**ゴミにならないものをつくったり、販売したりする方向へと向かう**のが、「そもそも論」で考えると正しいような気がしていて。本の世界も、ゴミにならない本を出版社の人はつくるべきだし、本屋もゴミにならない本を売るべきだと思うんです。すぐに古本屋に売ってしまうような本ではなくて、ずっと手元に置いておきたくなる本。

植松　まったくですね。僕は何も手放さないですから。どんどん溜まっていくばかりです。基本的にストレージを増やせばいいって考えなんで(笑)。

清水　昔の本ってきれいな函《はこ》に入っていて、造りもしっかりしていて、これは手元に置いておきたいなって思える商品になっているんですよ。

植松　あと、売ったところで二束三文でしょう。そんなところで小銭稼いでも仕方ないですよ。売りに行く手間だってかかるわけだし。

清水　僕の親代わりでもある*57吉田晋彩《よしだしんさい》先生という人も、家にものすごい量の本があるんですけど、捨てたりしないんですよ。おそらく捨てないことを前提に、選んで買っているんだと思う。

植松　僕もそうですよ。僕は雑誌を買わないんですが、それは買った本を捨てたくないからなんです。

清水　**いまの時代ほど、人々に求められていない本が氾濫している時代はない**と思うんですよ。コンビニで売られている雑誌は、いま返品率が五〇パーセントを超えているそうです。半分がゴミになる。だから見方によっては、いまの出版不況は適正な数に落ちつく過程とも言えるかもしれません。

植松　供給過剰ですね。シャープの液晶も、地デジ化に合わせて一気に増産した結果、供給過剰を招いてしまった。それでシャープは、倒産するかどうかというところまでいってしまったんです。だからこそ、**うちの会社は「売らない努力」をしています**。営業活動は一切しませんね。口コミだけで自然に増えていく状態をキープするようにしています。

清水　出版業界も「売らない努力」を学ぶべきですね。読者に媚びない姿勢が大事なんだと思う。「どうだ読んでみろ」みたいな(笑)。本当にいい本だったら、それでもちゃんと届きますよ。

*57　吉田晋彩（一九三七-）　千利休の茶道を継承する茶人。一九七二年、埼玉県八潮市に表千家吉田晋彩茶道教室を開く。清水克衛は高校時代、氏の自宅に下宿していた経験がある。

知恵と工夫で社会は変わる

清水　大事なのはやはり知恵と工夫ですね。それが社会を変える。

植松　力ずくで変えようとしても難しいですよね。たとえば値段を下げたいと思ったら、コストを下げる工夫をすればいい。僕のロケット教室も、一人三〇〇〇円いただければペイできちゃうんです。でも、別のロケット教室だと一万円くらいするところもある。

清水　どうしてそんなに違うんですか？

植松　まず、たくさんの人に体験して欲しかった。そのためには金額がネックなので、安くする工夫をしました。でも、安く仕入れる努力をしたわけではなくてですね、実はうちの新しい教育用ロケットはぜんぶ紙でできているんですよ。だから材料は紙と印刷代だけ。そして大きいわりに軽いので、空気抵抗が大きいんですね。だからあまり遠くには飛ばないし、下りてくるときもゆっくりなんです。ということは、広い場所を借りる必要がない。場所代のコストを下げることができる。

こういう細かい工夫の結果、三〇〇〇円でペイできちゃうんです。一万円のところは、まずロケットのキットをアメリカから輸入していたりしますからね。それだとコストは跳ね上がってしまう。

清水　やはり知恵と工夫ですね。

植松　こんなふうに、なんでも知恵と工夫で改善していけば、社会の仕組みなんてころころ変わっていくと思いますよ。まず、**自分が何にお金を払っているのかを、みんな考えるべき**ですね。

清水　その金額は本当に適切なのか、適切でないなら、なぜ違和感なく払っているのか。疑ってみたほうがいいですね。

植松　あと、趣味に対する偏見って感じませんか。そんなことする余裕があっていいよね、みたいな。知り合いの登山好きも言っていました。みんなから「なんで山なんか登るの？」「お金でも落ちているの？」って言われるらしい。登りたいから登る、でいいと思うんですけどね。わかってくれない人がいっぱいいるらしいです。

清水　自分に理解できないものを理解しようとしないのかな。

植松　趣味の価値がもっと理解されれば、それこそ趣味に関する本も増えるでしょうし、「知りたい」「やりたい」が、もっともっと増えていく。だから本を読む人を増やすためには、**ひとつは社会性というものについて再認識してもらうこと。もうひとつ**

は「知りたい」「やりたい」という欲を刺激すること。この二つかな。

清水　早くも結論が出ましたね（笑）。

植松　パイオニアという会社で講演をさせてもらったとき、こんな感想文をいただいたんです。「いまは高級オーディオがなかなか売れません。生音の再現性を売りにしても、誰も生音を聴いたことがない。だから私たちがすべきことは、生音のオーケストラの演奏会を開くことかもしれません」

清水　まさに「だったらこうしてみよう」の精神ですね。

植松　本の業界も、こういう取り組みを増やす必要があるのかもしれません。

死を思うからこそ生が輝く

清水　植松さんとお話ししていると、合理的で科学的な印象を受けるんですけど、たまに講演とかで「神さま」という表現が出てきますよね。少し意外な気がしていて。

植松　「神さまが会わせてくれた」とかね。たまにそういう表現をしますけど、さほど深い意味はありません。たまに神社に行ってお祈りするときは、**自分のことはとりあえずなんとかするので、僕を助けるぶんのパワーで、僕の大切な人を助けてくださいっ**てお願いしています。

清水　そのおかげで最近、僕、調子がいいのかも（笑）。さっきの利他性の話ともつながってきますけど、僕らは必ず死ぬんだから、友だちや家族ともいつか必ず別れなくてはいけない。そう考えると、付き合い方も変わってくると思うんですよ。

植松　僕は死後の世界も、生まれ変わりも信じていないので、死んだら「無」だと思っています。消えるんですよ。死んだらもう、新しい思い出はつくれない。とても悲しいことですよね。しかし死は一〇〇パーセントやってくる。だからこそ、**自分が消えてなくなったらどうなるのか、ふだんから考えておく**必要があると思っています。

清水　メメント・モリ、死を思えですね。

植松　たとえば僕が急に死んだら、会社は困ってしまうわけです。だからみんなが困らないように、ふだんから自分の仕事をぜんぶ会社に渡すようにしています。するとみんなも成長するし、僕も時間的に楽になる。自分が死ぬことを考えるのは、とても重要だなと思います。

4章

革命の狼煙はもう上がっている

いまの日本人は「石川啄木状態」だ

植松　いまの日本人って、ひと言で言うと「石川啄木状態」[*58]ですよね。「はたらけどはたらけど猶《なお》わが生活《くらし》楽にならざり」を地でいっている状態。頑張っても、頑張ってもまったく報われない。

よく宅配便業界が「仕事が多すぎて困る」と言っているじゃないですか。普通に考えると、仕事が多すぎたら大儲けなんですよ。なのに儲からないのはなぜなのって。つまり、不当に安くなってしまっているんですよね。しかもサービスを受ける側も、その値段じゃないと払えなくなっている。

清水　生活に必要なコストと、働いて手に入るお金のバランスがとれていない状態ですね。

植松　鎌倉幕府のころから昭和くらいまで、日本はものすごい勢いで人口が増加し続けました。それが平成で頭打ちになって、現在では人口減少に転じています。これは、ものすごく大きなパラダイムシフトだと思います。これからの日本は、人口増加期の拡大経済から、人口減少期に適応した縮小経済へと、考えを切り替えていくことが重要ではないかと思います。

そのときに肝心なのは、**むやみに収入拡大だけを追求しないことです**。ちなみに、所得を増やすと所得税が増えます。支出を減らすと消費税が減ります。ってことは、所得を増やすより支出を減らしたほうが、税金ぶん得になるかも（笑）。所得だけを追求すれば、都会のほうが時給は高いです。でも、都会は生活のための支出が多いので、実際には田舎で暮らしたほうが収支がよくなる、というケースがあります。大事なことは、外貨獲得を増やし、外貨流出を減らすことです。これは、個人も自治体も国家も同じです。生きていくために必要な支出が減れば、所得が低くたって平気なんです。

以前、うちの社員に払っている給料がどこに流れているのか、行き先を調べてみたことがあるんです。もっとも大きいのは「教育費」と「家のローン」でした。

清水　この二つをやっつければ、なんとかなりそうですね。

植松　住居に関しては、長持ちする家の開発を進めています。僕らの主力製品はマグネットなんですが、おもに家の解体に使われるんです。僕らは家が壊されていく光景を、ずっと目の前で見てきたわけです。いつしか僕はこんな疑問を持つようになりました。まだ住めるのに、本当にこれでいいのかなって。だって、三〇年たたずに壊しちゃう家とか、ざらにあるんですよ。

清水　先ほどの話ではないですが、これまでの家は「ゴミになる製品」だったんですね。

植松　**国の力というのは、人々の努力の蓄積だと思っている**んです。その努力をシュレッダーにかけていくような社会では、人間の努力が蓄積されない。いつまでたっても社会が豊かになりません。だから、長持ちする家をつくろうと。

清水　でも、長持ちする家をつくったら、マグネットが売れなくなっちゃいますね（笑）。

植松　その通りです。でも、これは正しい道だと思うから、いつか誰かがやるだろうと思うんです。**そのときになって、「ああ、自分もあのとき同じこと考えていたのに」っ**

て後悔したくないでしょう。やるしかないと思って、建築の勉強を始めました。

清水　長持ちする家の決定的な要因ってなんですか。

植松　ずばり、ライフラインの「あとから交換」です。いまのツーバイフォーの家って、電線にしても、水道管にしても、あとから交換修理できないんですよ。解体するしかない。水道管の寿命なんて、たった二四年ですよ。漏水が始まったら「修理できないから、建て直すしかありません」となる。

清水　あとからライフラインを修理、交換できるように設計するんですね。でもきっと、既得権の壁も厚いでしょうね。これをやっちゃうと新しい家が売れなくなって、困る人たちがいっぱい出てくる。

植松　そうなんです。同じ先進国でも、たとえばイギリスだと、建築業者は二五〇〇社くらいなんです。かたや日本は、北海道だけで二万五〇〇〇社ある。異常に多すぎるんですよ。ただ、いずれ淘汰《とうた》されていくんだろうなと考えています。

＊58　石川啄木（一八八六 - 一九一二）　歌人、詩人。二〇歳で詩集『あこがれ』を出版。天才詩人との評を受けるも、その後、肺結核で短い生涯を閉じた。代表作に『一握の砂』などがある。

大学の学費はなぜあんなに高いのか

清水　教育費はどう下げるんですか。

植松　大学の学費ってなぜあんなに高いのか、調べてみたら**「校舎が高いから」**だと判明したんです。最近「都心回帰」と称して、山手線の内側に、大学がどんどん引っ越しているじゃないですか。べらぼうな金額ですよ。そうしないと学生が集まらないっていう理由らしいですけど、そもそも山手線の内側じゃないと通わないなんて言う人間は、大学に行かなくていい（笑）。もちろん、その校舎代を払うのは学生とその親です。学費は高くなりますよね。

清水 明治大学なんてあんなタワー建てちゃってね。前の古い校舎で十分だと思うんだけど。

植松 オックスフォードとか、海外の有名な大学なんて、ほとんど古い校舎ですよ。最新の設備も取り入れるけど、校舎自体は一〇〇年、二〇〇年、同じものを使っている。僕は学校で、コンクリートは一〇〇年後に最高強度になるって習ったんですよ。ところが日本は、三〇年くらいで壊しちゃう。

清水 それも既得権の問題がからんでいるみたいですね。

植松 僕はいま赤平で、**まったく新しい形の大学を試そうとしています**。まず、校舎はつくりません。学生をバスに乗せ、いろんな企業を訪問させて、オン・ザ・ジョブ・トレーニングをする。そしてオフィスの空き部屋を教室にして、座学もする。先生はその企業の社員です。

清水 企業、学生、どちらにもメリットがありそうですね。

植松 企業側としては、オン・ザ・ジョブ・トレーニングの間は給料を払わなくてすむし、優秀な人材と出会うチャンスにもなる。正式に入社するころには新入社員研修は終わっている状態だから、即戦力ですよ。

学生側からしても、まずいろんな企業を体験できる。比較して、自分に合った仕事を見きわめることができます。学費だって、既存の大学よりずっと安くすみます。双方、メリットしかないんですよ。そしてこの仕組みは、企業のある場所であれば、全国どこでも応用可能です。

清水 『さかさ町』[*59]っていう絵本をご存じですか。その町では、働くのは子どもなんです。逆に大人は遊んでいる。すべてが逆なんですね。あるとき別の町から兄弟がやってきて、さかさ町の先生に「子どもが勉強せずに働いていたら、みんなバカになっちゃうじゃないか」って言うんです。すると先生は、こう答えた。「それは違うよ。**仕事のほうがよっぽど勉強になるんだ**。学校の勉強なんて休みの日だけでいい」

植松 これは面白い。いまの日本で子どもに仕事をさせたら、虐待だって言われますからね。

＊59 『さかさ町』 F・エマーソン・アンドリュース作、ルイス・スロボドキン絵の絵本。半世紀以上前に発表された作品にもかかわらず、近年再評価を受け、二〇一五年、岩波書店より邦訳版が出版された。

「共通の目標」が失われた時代

清水 もうすぐ「平成」という時代が終わります。この三〇年を総括すると、**日本人から「共通の目標」が失われた時代**だと思うんです。先ほども少し話しましたが、たとえば明治維新のころは、「一等国を目指そう」という国民共通の目標がありました。理想の実現に向かって、一致団結して歩んでいた。時代が下って戦後になると、やはり「経済大国を目指そう」という共通の目標がありました。

植松 ちょうど僕らの親世代ですね。

清水　けれどバブルが弾け、平成が始まってから現在まで三〇年間、「共通の目標」は何もなかったと思うんです。「こうしたいよね」「こうなればいいよね」っていう夢や理想がない。それがいちばんの根本的な問題じゃないかなと思っているんです。やっぱり自分の親世代を思い出すと、活気がありましたよ。僕の親父は清水製作所っていう、植松さんみたいな仕事をしていたんです。日立製作所の試作品を専門につくる職人だったんですけど、働けば働くほど売上も伸びて、幸せな時代だったなと思います。

植松　最近、いろんな市区町村の人口増減のグラフを調べて、人口と社会がどう関係しているかを考えているんです。明治維新から昭和時代は、一二〇年くらい人口が増え続けていました。そういう時期って、何をやってもうまくいくんです。働いていれば勝手に給料が増えていく。だから、みんな前向きだったのかなと思うんです。

清水　明らかに親世代は笑顔が多かったですね。

植松　平成という時代は、人口のグラフで言うと、ちょうどプラトーの時期に当たります。つまり、上昇していたグラフが下降に転じる、ちょうどてっぺんの部分ですね。市場が大きくならないのに、企業は変わらず大型化を目指し続けたために、パイを奪い合う市場になってしまった。努力と対価が見合わない時代ですね。
次にやって来るポスト平成時代は、人口のグラフは確実に下降していくでしょう。それはつまり、**働いても働いても給料が下がっていく時代**ということです。その中でどう生きていくかが、大きな課題になると思います。

清水　江戸時代までは、人口三〇〇〇万人だったんですよね。四倍にふくらんでしまった。この現象って、発展途上国でよくある「人口爆発」だと思うんですよ。爆発したものは必ず収束に向かうから、**また三〇〇〇万人に戻ることを前提にすべてを考えないといけない**でしょうね。

植松　人口爆発の要因は、ひとつは医療の発達ですよね。光学機器の開発によって、細菌とウイルスの存在が明らかになった。おかげで寿命が延びました。もうひとつはエネルギー。石油燃料が実用化されたおかげで、自動車と飛行機が生まれた。これで世界を小さくすることができたんです。
でも、医療の発展も、エネルギーの進歩も、頭打ちになっていますよね。この先、人口が爆発的に増えることはもうないだろうと思います。でも、下がっていくのを食い止めることはできるかもしれない。農業の生産力も上がっているから、三〇〇〇万人までは落ちないと思います。七〇〇〇万人くらいでフラットになる時代が来るのかなという気がします。

「満足」なんかしている場合じゃない

清水　先日、車でラジオをつけていたら耳に入ってきたんですけど、「いまあなたは満足ですか?」というアンケートに、「満足です」と答えた人が七五パーセントもいたんです。僕、それを聞いてびっくりしちゃって。「いまのままでいい」と考える人、つまり**思考力を失っている人が、日本人の四分の三を占めている**ということですよ。

植松　たしかに、問題を問題と認識できない人が、すごく増えている気がしますね。

清水　「まあいいか」「仕方ないよね」ですましちゃう。本当に怖いなと思いました。

植松　いい学校、いい会社みたいな、パラダイムが違う時代の価値観を追い求め続けていると、どんどん苦しくなる感じがするんです。人口が減少へと転じるこのタイミングで、本当の幸せを真剣に考えなくてはいけないと思います。誰かから与えられた指標を追うことが幸せだと思っていると、気づいたときには地獄の底かもしれないですね。くり返しますが、これからは**みんなが自分の幸せについて、もっとしっかり考えるべき時代**なのかなと思います。

清水　この対談集の裏テーマは、「もっとみんな読書をしようぜ」ということなんですが、満足していたらきっと本なんか読まないですよね。

植松　なぜ人は読書をするのかといえば、ひとつは知的欲求を満たすため、もうひとつは問題解決だと思うんです。これらを持たない人は、読書はしないでしょう。知らないことを知りたい、問題を解決したい、その欲求をあきらめないことを教えないと、残念ながら「読書離れ」はいっそう進むでしょう。

清水　あきらめないって大事ですね。先日、易《えき》に関する本を読んでいて、印象に残った話があります。人は「運命」を「宿命」だと思いがちだと。宿命というのは変えられないものです。けれども、運命は自分で変えられるもので、しかも変えていこうという志を立てると、運命が「立命」になる。本田宗一郎[*60]も、松下幸之助[*61]も、立命の人ですよね。運命を宿命としないで、立命に変えていった。そのおかげで僕らは、豊かな生活をすることができている。でも、四人に三人が満足している人、つまり運命を宿命と思っている人だとしたら、次の時代はどうなるんだろうと怖ろしくなります。

植松　ずっと昔から、満足する人と、満足しない人がいたと思うんです。コレラで人がバンバン死んでいるときに、「仕方ないよね」とあきらめる人もいれば、あきらめないで抗った人もいたはずです。**抗った人のおかげで医学が発展して、現代の僕らも恩恵を受けている。**「どうせ変わらない」と思っていると、そこには進歩も成長も生まれません。いかに現状を受け入れない人を育てていくか、納得いかないことに抗う人を増やしていくか。それが次の時代では大切だと思います。

＊60　本田宗一郎（一九〇六‐一九九一）　本田技研工業創業者。自動車修理工を経て、戦後、オートバイ製造で成功。その後、四輪車にも進出し、「ホンダ」の名を世界に知らしめた。

＊61　松下幸之助（一八九四‐一九八九）　松下電器産業（現・パナソニック）創業者。「経営の神様」の異名を持ち、戦後日本を代表する実業家の一人に数え上げられる。晩年は松下政経塾を立ち上げ、政治家の育成に

も尽力。

人は一四歳で三つに分かれる

清水　ある本に、「人は一四歳で、三つのパターンに分かれる」ということが書いてあって、面白いなと思ったんです。ひとつは妥協する人、「まあいいか」「仕方ないよね」ですませちゃう人ですね。もうひとつは反抗する人、「ふざけるな」と言ってグレちゃう人です。そして最後が考える人。**たぶん植松さんは、一四歳で考える人になった気がするんです。**

植松　そうかもしれないですね。決して従順ではなかったし、といってグレるわけでもなかったし。

清水　最近、修学旅行でうちの店に来る小学生が多いんですね。彼らと話しているとわかるんだけど、小学生まではわりと大人を信用しているんです。「こうしなさい」と言われれば「はい」と元気に答える。ところが中学生になると、大人がウソをついていることに薄々気づいてくるんですよ。そのときに、この三つのパターンに分かれると思うんです。

植松　大きく分けると、考える人と考えない人に分かれるのかな。妥協する人とグレる人は、創造的じゃないんですよ。何かに対してウダウダ言っているだけだから。まあでも、フェイスブックやツイッターなどのSNSを見ていると、ほとんどそっちかもしれない。

暑い日に「暑い」と言ってもなんにもならないし、寒い日に「寒い」と言ってもなんにもならない。あきらめようが、暴れようが、何も変わらなくて、**「どうすればいいか」を考える人だけが、次の時代をつくっていく**んだと思います。

清水　それをできなくしているのが、いまの教育システムですね。

植松　インターンシップで来ていた高校生から聞いたんですが、学校の先生からは

「決まりを守れ」って言われるみたいですね。校則なら「なぜこういう校則があるのか？」と疑問を投げると、「決まりは決まりだ」「それが社会人になるための条件だ」という言い方をするらしい。これって、生徒から考える力を奪うんですよね。なぜその校則が生まれたのか、考えることを練習させないと、宿命をただ受け入れるだけの人がますます増えるのかなと思います。

「人間資本主義」の時代が到来する

清水　イヴァン・イリイチ*62という哲学者の『コンヴィヴィアリティのための道具』という本を読んでいて、なるほどと思う話がありました。すべてのシステムや道具には、「第一分水嶺《ぶんすいれい》」と「第二分水嶺」が存在するというんです。たとえば携帯電話を例にとると、発売されたときは「なんて便利なんだ」ということで、みんなワーッと喜ぶわけです。これが第一分水嶺。でも、やがて第二分水嶺がやってきて、携帯電話に縛られるようになる。つまり、道具の奴隷になってしまうんです。

植松　なるほど。

清水　教育だってそうです。第一分水嶺では「勉強ができる！」ってみんな喜んだはずなんですよ。しかしいまでは第二分水嶺を迎えて、教育の奴隷になってしまった。医療もそう。明治維新で西洋医学が入ってきて、病気は治るし、寿命は延びるしでみんな喜んだけど、いまでは医療の奴隷になってしまっている。あらゆることに当てはまるなと思って。

同じように、資本主義や民主主義も、最初は「これはすごいシステムだ」って喜んだと思うんですよ。ところが第二分水嶺を迎えて、**いまや資本主義、民主主義の奴隷になってしまっている**。『コンヴィヴィアリティのための道具』は、もう四〇年以上前の本だけど、まさに彼の言った通りになっているなと。

植松　資本主義というのは、マンパワーを持っている人がいろんなビジネスをできる仕組みですが、それが成り立っていたのって一九六〇年代までだと思うんです。金本位制が崩れた瞬間から、お金の価値が誰もわからなくなってしまった。株式のように、お金の価値がいくらでも上がったり、下がったりするようになって、さらに仮想通貨をはじめ、誰でもお金がつくれるようになってしまった。すでに資本とお金はリンクしていないので、資本主義は成立していないんですよ。

清水　ウソを言ってお金が集まるし、しかもその集まっているお金も架空のお金だったりしますからね。

植松　おそらくこれからの時代は、**変動しない価値が資本主義の根本になっていく**でしょう。それは何かと言ったら、おそらく「人間」だと思う。私たちは「人間資本主義」を目指すべきだと思うんです。人間資本主義の世界では、人間の価値を上げる努力をすると資本が増える。そうすると、学ぶことの意味も大きくなるはずなんですよね。

これまでは、人が持っている能力を奪うことで成り立ってきた社会でした。言うなれば、狩猟型の社会ですね。そんな時代はもう終わっていて、**人を育てることが企業の成長につながる、人間資本主義の時代になっていく**気がするんですよ。

清水　人間資本主義、最高ですね。資本主義でも社会主義でもない、次の時代の「なんとか主義」が生まれてしかるべきだと思っていたんですが、これで決まりですよ。

植松　日本の派遣労働システムって、ありえないと思っているんです。企業にとって、働いている人とともに過ごす時間は、すべて貴重な情報なんですよ。その人に、経験も信頼も蓄積されていく。それをある一定の期間がたったら捨てていいというのは、結局その人になんの教育もしなければ、なんの成長も期待しないということですよね。これは社会の成長を期待しないというのと一緒だと思うんです。社会的衰退につながる大きな問題ですね。

＊62　イヴァン・イリイチ（一九二六・二〇〇二）　哲学者、思想家。オーストリア生まれ。『コンヴィヴィアリティのための道具』（ちくま学芸文庫）のほか、『脱学校の社会』『シャドウ・ワーク』『ジェンダー』などの著書がある。

「働くこと」の意味を伝えよ

清水　終戦後、松下電器の経営が傾いて、松下幸之助が泣く泣く社員をリストラしようとしたことがあったそうです。そのとき、幸之助の奥さんがリストラを止めたんですね。こういう状況だから給料はわずかしか出せないけど、みんなと一緒にやっていきたいんだって、ちゃんと説明しなさいと幸之助に進言したんです。

　幸之助がそれに従ったところ、社員は逆にやる気になっちゃったんですね。たとえ給料が半分になっても、一致団結してこの苦境を乗り越えるぞって盛り上がった。松下電器が戦後、さらなる発展を遂げるきっかけは、ここにあったんですね。

植松　東日本大震災後、生き残った会社ってみんなそうですよ。**給料は払えないけどリストラはしないで、社員が力を合わせて困難に取り組んだ会社は、いまも残っています。**

清水　夏目漱石の言葉に、「内的開化」と「外的開化」というのがあります。外的開化は、たとえばテレビのコマーシャルを見て、「あのロレックスの時計が欲しい！」という思いで仕事をする。一方、内的開化は、もっと腹の底から湧き上がってくる思いというか。かつての日本には、内的開化があふれていた気がします。

植松　最近、ベーシックインカム[*63]が注目されていますよね。近年、ヨーロッパの数カ国で試験的に導入が始まっていますが、僕は日本では無理だって思っているんです。なぜならいまの日本の学校教育は、「仕事というのは言うことを聞いてお金をもらうこと」って教えるんです。だからお金さえ手に入ったら、もう言うことを聞く必要はないってなる。仕組みとして成り立たないんです。

しかし欧米では、**「仕事は人の役に立つこと」**って教えるから、ベーシックインカムがあろうが、みんな働くんですよ。そもそも働くとはどういうことなのか、その意味を伝えないと、日本では失敗するでしょうね。先ほどの内的開化か、外的開化かという話につながるけど、人の役に立ちたいと思ったら無給でも働ける人と、お金をもらえないなら何もしないという人がいて、ではこれからの日本はどちらの人を増やすか、という話だと思うんですね。

清水　僕自身は、あまり「働く」という感覚がないんですよね。本を読んで、人に勧めるのが自分の欲求であり、内的開化だから。

植松　命令に従うことが労働である、という感覚を早く捨てきらないとダメですね。子どもたちには、「言うことを聞くのが、人の役に立つことではないよ。人を助けるってそういうものじゃないよ」ということをよく言っています。

清水　うちの店にも起業したいという子がよく来るんだけど、僕から見ると、信じられないくらいサラリーマン根性が抜けていなくて。それも学校教育の問題だと思うんですが。

植松　まあ、教えているのが基本的に公務員ですからね(笑)。

＊63　ベーシックインカム　政府が国民全員に無条件で、年齢、所得、資産、勤労の意思などに関係なく、生活に最低限必要な現金を支給する政策のこと。

いまは「転換」の時代だ

清水　いま読んでいるのが、『なぜ今、世界のビジネスリーダーは東洋思想を学ぶのか』[*64]という本で、これが面白いんですよ。歴史循環論ってありますよね。何百年周期で陰と陽が入れ替わるみたいな。この著者は、ビジネスはだいたい六〇年周期だって言うんです。成長、安定、転換というサイクルを、二〇年ごとにくり返している。じゃあ、いまはどの時期かと言えば、誰の目から見ても「転換」ですよね。転換の時期は同じ日が続かないと言われています。成長と安定の時期は、今日と同じ明日がやって来るけど、**転換の時期は同じ明日はやって来ない**。にもかかわらず、七五パーセントの人が満足しているっていうのは、やっぱりおかしいですよね。

植松　さっきも言いましたけど、経営者の中にも「多くは望まないけど、いまが続けばいい」みたいなことを言う人がいて。何もしないでいまが続くなんて、多くを望みすぎだって思うんですよ。

清水　本当にそうですね。

植松　歴史を振り返れば、時代とともに、いろんなことがつねに変化しているんです。たとえば日本って、政治の中枢が何度も移動しているんですよ。奈良に移ったり、鎌倉に移ったり。原因は、気候変動らしいですね。気候変動によって作物がとれなくなり、地域の力が弱くなる。一方、気候変動で力が強くなる地域もあって、それで権力の中心があちこち移る結果になる。青森の三内丸山《さんないまるやま》遺跡も、当時は温暖化していたから住めたのが、寒冷化で住めなくなって滅んでしまったらしいですね。

明治維新以降は気候が安定していたから、長く同じ配置が続いているけど、気候変動って一〇〇～一五〇年のスパンで起きているんですね。だから、そろそろ東京に人が住めなくなるかもしれませんよ。風速九〇メートルクラスの台風が次々と来るようになったら、もう無理でしょうね。

清水　では、次の首都は北海道にと言いたいところですが、北海道胆振《いぶり》東部地震[*65]がありましたからね。日本に安全なところはあるのかなと思います。あの地震では、停電が問題になりましたよね。

植松　泊《とまり》原発が動いていたら停電はなかった、と言う人がいるんだけど、何を言っているんだという感じですね。たまたま震源地が離れていたからそう言えるだけで、**仮に泊のそばで地震が起きていたら、いまごろ北海道には住めない**ですよ。ブラックアウトと住めなくなるの、どっちを選ぶってなったら、僕はブラックアウトを選びますね。

清水　植松さんは、原発は廃止したほうがいいと思いますか。

植松　何しろ採算が悪いですからね。燃料を生成する段階と、燃やし終わった燃料を処理する段階で、べらぼうにコストがかかる。前後の工程を含めたトータルコストで言えば間違いなく損だから、やめたほうがいいです。似たような話で、鉄道はエネルギー消費が少なくてエコだという論がありますよね。でも、鉄道を敷くときに莫大なエネルギーを使っているんです。鉄道で採算をとろうとしたら、線路の上にびっちり電車を走らせないといけない。だから運行本数の少ない北海道の鉄道なんて、成り立つわけがないんです。私たちはもっと、**トータルコストをしっかり考える能力を持た**

ないといけないいと思いますね。

清水　僕も原発はやめたほうがいいと思うけど、それをブログに書いたりすると、すぐに左翼だって言われるんですよね。

植松　コストの話をしているのに、おかしな話ですよね。別に節電しろって言われたら、しますしね。新しいエネルギーを考える暇があったら、節電しようよって思います。

清水　「転換」の時期なんだから、ゼロベースで考えるべきですよね。

植松　日本を含め先進国では、もう人口は増えないんですよ。放っておいても経済が拡大する、成長戦略なんて言葉がまかり通っている時代は、もうとっくに終わっている。下がっているのに、なお成長しようとするから奪い合いになるんです。**次の時代で考えるべきは、成長しなくても維持できる社会のあり方**だと思います。たとえ下がっていても、平気だと思える価値観を持つこと。それは一人ひとりの幸せ観を変えていくことだと思います。

清水　「本当の幸せとは何か？」という根源的な問いですね。

植松　その問いを一人ひとりが思考するようになれば、どんな時代が来ようとも不幸にはならない気がします。逆に何かに踊らされて、間違ったものを追いかけていると、これからの時代はますます不幸になっていくと思います。

清水　だからやっぱり満足していちゃダメなんですよ。納得いかないって思ったほうがいい。

＊64　『なぜ今、世界のビジネスリーダーは東洋思想を学ぶのか』　東洋思想研究者、田口佳史《たぐちよしふみ》の著書。文響社刊。老子、論語、禅といった東洋思想が、ビジネスに与えている影響についてまとめられている。

＊65　北海道胆振東部地震　二〇一八年九月六日に発生した、北海道胆振地方中東部を震源として発生した地震。北海道で初めて、震度七が観測された。

君は「松葉杖」を持たされていないか

清水　「GAFA《ガーファ》」ってご存じですか。グーグル、アップル、フェイスブック、アマゾン、これらグローバル企業をまとめて「GAFA」っていうんです。いま世界のルールを決めているのは、彼らだと言われています。たしかにスマートフォンを買ったら、最初からグーグルやフェイスブックのアプリが入っていたりしますよね。自分でも気づかないうちに取り込まれて、いつしかそれが自分や他人を縛るルールになっていく。

植松　先ほどの第一分水嶺、第二分水嶺の話ともつながりますね。

清水　「GAFA」だけじゃないですよ。先日、久しぶりに首都高速道路に乗ったら、いつの間にか三〇〇円くらい値上げしていたんです。僕は納得いかなかったですね。一般の企業でいきなりそんな値上げしたら、ユーザーから総スカンを食うはずです。**力を持っている人のルールに、どんどん従わされているような感じがする。**しかもみんな、「まあ、仕方ないよね」とあきらめているから、ますます彼らは図に乗ってくる。

植松　僕は最近、会社からＬＩＮＥをやれって言われて、ついに僕も既読スルーとかを心配しなくちゃいけないのかと思ったんだけど（笑）。幸い僕はそれに縛られることはなさそうですね。提供されるシステムに依存しすぎないことが重要かなと思いますね。

清水　「依存」は、いまの時代を象徴するキーワードかもしれませんね。少し前に、『進み＊66と安らい』という本が新装刊されたんです。もともと五〇年くらい前に出版された本なんですが、現代に通じるものがあって面白いんです。著者はあるお坊さんなんですが、最初はキリスト教に入信して、その後、仏教の道へ進んだ、ちょっと変わった人みたいですね。

この本に書かれていたのが、**人間は知らない間に松葉杖《まつばづえ》を持たされていて、しかも持たされていることにも気づいていないと**。災害などでふだんの暮らしがままならなくなったとき、初めて自分は松葉杖を持たされていたんだと気づくと言うんです。だけど、そのときにはもう、自分の足では歩けなくなっているわけです。「自分は松葉杖を持たされている」と気づくだけでも、かなり変わると思うんですけどね。

植松　先ほどの話に引きつけると、ＳＮＳの「いいね！」の数を、異常に気にする人がいますよね。「いいね！」が松葉杖のように、自分の存在価値そのものになってしまっている。「いいね！」が増えようが減ろうが、本当はどうでもいい話だと思うんですけどね。

＊66　『進みと安らい』曹洞宗の僧、内山興正《うちやまこうしょう》（一九一二 - 一九九八）が一九六九年に発表した著書。二〇一八年、サンガより装いも新たに復刊された。

くだらない本が多すぎる

清水 こんなこと言ったら怒られるけど、最近くだらない本が多すぎです。

植松 耳当たりのいい本しか売れないですからね。**耳当たりのいい本って、おおむねくだらない**ですから。

清水 最近、頭にきているのが、「ビジネス作家」という連中がいるんです。なんの仕事もしていないのに、「こうすればうまくいく」とか、「こうすれば幸せになれる」とか、耳当たりのいい本ばかり書いている。ふざけるな、俺の邪魔をするなと思って(笑)。

植松 でもそういう人、いっぱいいますよね。信者もついていたりして。

清水 若い子なんかコロッとやられちゃうんです。それで一生、間違っちゃうからね。そもそも昔の人は、印税を目的に本を書いていないですから。「どうしてもこれを伝えたい」という強い思いがあって、それを広めるために本を書いていた。ところが戦後、出版がビジネスになってしまった。それでおかしくなってしまったんだと思う。

植松　思いより先にお金が来るようになったんですね。

清水　たとえば、*67公田連太郎《こうだれんたろう》という人は、八〇歳まで『易経講話《えききょうこうわ》』という本を書き続ける人生でした。会社に勤めたことは一度もなかったそうです。じゃあどうやって食っていたのかというと、近所の人たちが、「先生、先生」と言って、食べ物や日用品を差し入れしていたんですね。まわりから非常に尊敬されていた。これが作家の「そもそも」の姿なんじゃないかなと思いました。

　でも、『易経講話』みたいな本って、世間では本当に売れないんです。だからこそ、自分が勧めないといけない。格好つけて言うと、それが自分の使命だと思ってやっています。

植松　先日、ある大学生が、**「講演で食っている人の講演は信じない」**と言っていました。若いのによくわかっているなと思って。本業を持っていないということですからね。僕のもとにも、たまに「どうすれば講演で食べられるんですか？」っていうメールが来るんだけど。僕は講演で食べてないですから(笑)。

清水　「現場」を持っていないと、しゃべることないですよね。

植松　ビジネス作家みたいな人たちが持っているのは、「知識」なんですよね。「経験」ではない。

＊67　公田連太郎(一八七四 - 一九六三)　島根県生まれ。在野の漢学者。代表作『易経講話』は、二〇一三年に明徳出版社より、全五巻、三〇〇〇ページ、六万円を超える新版が刊行された。

感情が「劣化」していないか

清水　最近、初めて知ったんですが、一九五〇年代と比べていまの日本人は、平均身長が約一〇センチも伸びているんだそうです。体重も一〇キロ以上増えているそうで、わずか六〇年で人間の身体がこれだけ変わってしまうのかという衝撃がありました。そのうえ人工知能なんかが出てきたら、手足が細くて頭の大きい、火星人みたいな人ばかりになっちゃうんじゃないか(笑)。

植松　もうかなり変わっていると思いますよ。**いまの若い人って、本当に体力がない。**スポーツ系の部活をやっている子でも、意外とそうなんですよ。スポーツはうまいかもしれないけど、重たいものを押すとか、引っ張るとか、穴を掘るとか、氷を割るとか、そういうことができなくなっている。自分の重心の使い方をよくわかってないのかな。介護の現場でも問題になっているらしいですね。人を抱き起こすとき、腕力だけでやろうとするから腰とかを痛めてしまう。本来、それほど力は必要ないんですけど。

清水　僕は柔道をやっていたので、よくわかります。あと、身体だけでなく、感情の変化も気になっているんです。なんとなく、**「喜怒哀楽」がぶつ切りになってしまっているような印象を受ける**ことがある。「ただ楽しい」とか、「ただ悲しい」とか。

でも、本物の「喜怒哀楽」って、ぜんぶつながっていると思うんです。仕事だったら高い壁にぶち当たったり、信頼していた人に裏切られたり、そんな中にもささやかな喜びがあったり、すべてがつながっている。その一連の感情が思い出となって残るわけだし、その人の深みをつくってくれる。

植松 ギリシャのお芝居って、「悲しみの面」とか「喜びの面」とか、感情のお面をつけてお芝居するんですよ。いまの子を見ていると、その感情のお面をつけているような気がしてならない。怒らなきゃいけないから怒るとか、喜ばなきゃいけないから喜ぶとか、自己演出をしているように見える。それは本人の心ではないんですよね。

清水 自分ではない、誰かの人生を生きているんですね。

植松 自分の人生を取り戻すためには、**「どうして悲しいのか？」とか「何が嬉しいのか？」とか、もう少し真剣に考えたほうがいい**かもしれません。直感的な「ムカつく」だけだと浅いでしょう。もう一歩踏み込んで、「どうしてムカつくって思ったんだろう？」と考えて欲しい。

清水 僕は若い人に「縦糸の読書」を勧めているんです。時代が変わっても価値が変わらない本を読もうって。逆に「横糸の読書」というのは、時代が変わったら役に立たなくなる本ですね。最近つくづく思うんですが、三〇歳くらいまでに「縦糸」の本に出会わないと、その後の人生、厳しくなるなと。とくに四〇歳過ぎちゃうと、取り戻すのは難しくなるなという気がしています。

植松　僕は最近、文庫本を読まなくなったんです。理由は字が小さいから(笑)。

清水　老眼ですか(笑)。

植松　それもあって、読書は四〇歳までかなという実感があります。少なくとも、若いころのペースでは読めなくなりますね。読者の方にはぜひ、若いうちに本を読んでもらいたいと思います。

5章

未来の日本はどうなっているか

二〇年後の私たち

清水　植松さんは二〇年後、日本はどうなっていると思いますか。以前から、技術者としての植松さんに、未来予測を聞いてみたいと思っていたんです。

植松　二〇年後って、けっこうすぐですよね。そんなに変わらない気もするけどなあ。

清水　二〇年後というのは理由があるんです。うちの店は二〇一八年で二四年目なんですが、開業当時を思い出してみると、携帯電話はなかったし、インターネットも現在とは比べものにならないレベルだった。この二〇年で、ものすごく変わったと思うんですよ。ということは、**次の二〇年も、ものすごく変わるだろうという気がするん**です。携帯電話やインターネットが当たり前になったのと同じくらいの価値観の転換が起こるんじゃないかな。

植松　たしかに技術は進歩しているでしょうね。

清水　一九六〇年に、[*68]中曽根《なかそね》康弘《やすひろ》さんが科学者を集めて、四〇年後、つまり西暦二〇〇〇年にはどんな社会になっているかを予測させたんです。それをまとめたのが、うちの店で勧めている『21[*69]世紀への階段』という本で、読んでみると六割はその通りになっています。

植松　いちばん大きな変化は、おそらくAIの普及でしょうね。**ルールに従ってやる仕事は、すべてAIに置き換えられる**と思うから、働く人はすごく少なくてすむようになると思います。

あとは、ロボットがどんどん増えていくでしょうね。ロボットはどこの国でも同じ仕事をするので、日本にいる必要がなくなる。日本から産業がなくなるんじゃないかなという気がします。そうなると、いま政府が予測している以上に人が減るかもしれない。

清水　[*70]糸川《いとかわ》英夫《ひでお》さんの本を読んでいたら、二〇代から四〇代は全員、外国に行けって書いてありました。日本人には「和の精神」があるから、海外の企業で中間管理職をやればいいと。それで日本にいるのは、老人と子どもだけでいいって書いてありました。四〇年くらい前の本ですけどね。

植松　でも、いまの二〇代から四〇代の人は、「和の精神」ないでしょう。海外に行っても孤立するだけですね（笑）。僕は、だんだん「国」っていう概念がなくなると思っていて。タックスヘイブン[*71]が象徴的だけど、国が徴収する税金という制度も、おそらく成り立たなくなっていく気がします。民主主義についても、代表選挙制の必要がなくなっていくと思うので、現在の政治形態が変わっていく気がする。

清水　そんな中で何をするか、ですね。

植松　『攻殻機動隊』[*72]というアニメをご存じですか？　近未来のお話なんだけど、世界中のデータベースと人間とがつながっているんです。つまり、誰もが莫大な知識を持っているんですね。でも、現在もそれに近いと思うんです。スマートフォンでウィキペディアを調べれば、たいていのことはわかる。**そんなべらぼうな量の知識を使って、人は何をしていくのか**が、今後さらに問われていくと思うんです。「知っている」だけの人は、これからの社会では存在意義を失うでしょうね。

清水　知識を生かして新しいものを生み出したり、問題解決をしたりすることが大事になるわけですね。

植松　AIが進歩しても、人口が減っても、そういう仕事はきっとなくならないと思いますよ。

＊68 中曽根康弘（一九一八-）　政治家。一九八二年から八七年にかけて、第七一代、七二代、七三代内閣総理大臣を務めた。昭和時代の歴代総理大臣のうち、唯一健在。

＊69 『21世紀への階段』　一九六〇年刊行のベストセラー。当時の科学技術庁（現・文部科学省）と、科学技術庁長官を務めていた中曽根康弘の監修のもと、大胆な未来予測が行なわれた。二〇一三年に、復刻版が弘文堂より刊行された。

＊70 糸川英夫（一九一二-一九九九）　航空工学者。一九五五年、ペンシルロケットの飛翔実験に成功。日本における「宇宙開発の父」と呼ばれるようになった。小惑星「イトカワ」にその名を残している。

＊71 タックスヘイブン　法人税をはじめとした課税がゼロ、あるいは低率という税制優遇措置をとっている地域のこと。シンガポール、ケイマン、スイス、パナマ、バハマ、モナコなどが知られている。

＊72 『攻殻機動隊』　士郎正宗《しろうまさむね》原作のSFアニメ。一九九五年に劇場公開された、押井守監督の『GHOST IN THE SHELL／攻殻機動隊』は、海外にも影響を与えるヒット作となった。

人間が労働から解放される日

清水　先日、[*73]三宅陽一郎《みやけよういちろう》さんというＡＩの専門家と対談したんです。彼は、**いまのＡＩは西洋人の考えたことがベースになっているから、必ず行き詰まる**と言っていて、ＡＩに老荘《ろうそう》思想とか、禅とか、唯識学《ゆいしきがく》といった東洋思想を取り入れることを提唱しています。

植松　面白いですね。この調子でＡＩが思考力を持った日には、人間の存在理由は本当になくなるでしょうね。

清水　先ほど、人間の仕事がどんどんＡＩに奪われるとおっしゃっていましたよね。

植松　だからみなさん、危機意識を持っているみたいですね。先日、自動車販売会社に呼ばれて講演をしたんです。「どうして僕を呼んだんですか?」と聞いたら、「もうすぐ自動運転化で車を販売する仕事がなくなるから、次の一手を考えるためです」とおっしゃっていました。保険のセールスレディの方たちの前でお話ししたときも、主催の方がまったく同じことをおっしゃっていましたね。危機意識をしっかり持っている方もいるんだなと思いました。

清水 実際、これからなくなる仕事はいっぱいあるでしょうね。

植松 ただ僕は、人工知能はぜんぜん怖くないと思っています。あれは「過去問題」を解いているだけだから、新しいものは生み出せないと思う。

僕はいま、古代ギリシャ時代を勉強しているんですよ。古代ギリシャ時代って奴隷制度によって、市民が労働から解放された時代なんです。そのおかげで哲学とか、医学とか、さまざまなものが発展したんです。シェイクスピアの作品だって、ほとんどが古代ギリシャ時代のお話を元ネタにしていますからね。文学をはじめとした芸術も花開いた時代なんです。

清水 今後、日本でも同じようなことが起こるかもしれないですね。

植松 僕はそう思っています。僕が子どものころに読んだSFでは、未来ではロボットが働いていて、人間は働かなくていい世界が描かれていました。ところが現実の未来は、働かないと食っていけないどころか、さらにブラック化している。**働かなくても食っていける仕組みは、本当にないのかなという疑問があるん**ですよ。

清水　でも、働かなくていいとなったら、ただ怠惰に日々を過ごす人間が増えませんか。

植松　いまの日本の教育だと、当然、飲んで食うだけの人が出てくるでしょうね。だからまず、教育を変えることが大前提。「仕事は人の役に立つこと」だと理解していれば、何もしないで生きていくのは逆にきついと思うんです。きっと、本当に自分がやりたいことをやるようになるんじゃないかな。それに、飲んで食うだけの人は早く死んじゃう気がする。徐々に淘汰されていくので、いつか古代ギリシャのような時代は来るのではと思っています。

＊73　三宅陽一郎　ゲームAI開発者。スクウェア・エニックス　テクノロジー推進部リードAIリサーチャー。著書に『人工知能のための哲学塾』（ビー・エヌ・エヌ新社）などがある。

「不老長寿」は実現するか

清水　植松さんは、「不老長寿」は実現すると思いますか。

植松　iPS細胞などの技術がさらに発展すれば、身体は可能だと思います。でも、脳は難しいでしょうね。新しいものに入れ替えたら、記憶が変わってしまいますから。だから、脳のバックアップを取る時代が、やがて来ると思うんです。自分の意識、記憶をすべてストレージに吸引してしまう。すると、もはや身体の意味がなくなってきますよね。いつか全人類の意識が記憶媒体としての大きなコンピュータに入って、どんどん蓄積されていって、その知見を人々が共有できる時代が来ると思います。ただ、その膨大な情報を使って、人間は何をするかですよね。

清水　受験勉強のような知識の詰め込みは、まったく価値がなくなりそうですね。

植松　いまの社会は、テストで一〇〇点をとることをみんなが目指している社会だと思うんだけど、そもそもテストをする必要があるのかなって。**はたしてその一〇〇点に価値があるのか、という時代になっていく**気がします。

清水　勉強できない子を塾に通わせたりして、なんの意味があるんだろうと思います。勉強ができなくても、やれることはたくさんあるでしょう。歌を唄ってもいいし、美味しい料理をつくってもいい。大人がはっきり言えばいいと思うんですよ。「勉強できないならこれをやってみたら？」とか。学生時代を思い出してみると、勉強ができるやつって本当にできますよね。そいつらに勉強は任せておけばいいと思う。

植松　餅は餅屋ですからね。それぞれに適性があるわけで。

清水　うちの店の周辺でも、食べ放題の店が潰れたと思ったら塾になって、整体院が潰れたと思ったらやっぱり塾になった。塾だらけです。どうしてそんなに塾に行かせたがるのか、不思議で仕方ありません。

植松　しかも、昔と比べて高いですからね。お金取り放題でしょう。ちょっと前に、採用の規定を変えるって経済団体が発表していたけど、**新卒採用をやめたらいい**んですよ。そうしたら大学が価値を失うから、バカみたいな受験競争なんかなくなる。社会を変えることができるのは企業だなって思います。企業が採用条件を変えるだけで、おそらくあっさり社会は変わると思う。

清水　先日、何年かオーストラリアに留学していた若い女の子が、うちの店に来たんです。話していて、やはり視野の広さが違うなと感じました。日本の常識、日本のルールだけが正しいと思い込んでいる子は、そこから永久に抜け出すことができないけど、ちょっと海外に行って違う文化に触れると、「もっと自由になれるんだ」と気づくことができる。

植松　それこそ遺伝子と一緒だと思うんですよ。人間を含むあらゆる生物が、男女で交配して子どもをつくる理由は、大事な自分の遺伝子を半分捨ててでも、誰かの遺伝子を半分入れることによる「まぐれ」が素晴らしいと判断しているからですよね。だから僕らも、**違う文化や情報をどんどん取り入れて、「まぐれ」を起こす**べきなんです。インターネットでピンポイントで検索しちゃうと、自分の好きな情報しか入ってきませんからね。その意味でも、本って重要だなと思うんです。

清水　僕も最近、自分とは考え方の異なる本を読むようにしています。「日本は素晴らしい」みたいな本ばかりで、気持ち悪いんですよね。だから左翼系の本もよく読んでいます。とくに戦前の左翼の人は面白いですよ。「国家なんていらないんだ」とか言い出す無政府主義の人とか。**そういう本を、自分とは違うからといって遠ざけるのではなく、アウフヘーベン[*74]してより高みに持っていく**。その余裕を持ちたいですね。

植松　インターネットなんかを見ていると、みんな自分を守るのに精いっぱいなんだろうなと思います。自分と異なる意見を切り捨てていくスタイルを取り続けていると、成長はありませんね。

清水　中庸《ちゅうよう》であることが大事だと思います。

植松　僕は、本には著者の人生が詰まっていると思っています。ということは、読書とは著者の人生を取り込むことである、と言えます。だから、読書をすると寿命が延びると思うんですよ。一〇〇〇歳、二〇〇〇歳まで生きられるようになる。

*74　アウフヘーベン　ドイツの哲学者、ヘーゲルが唱えた弁証法の概念。矛盾するものを、さらに高次の段階で統一し、解決すること。

「田舎人」のすすめ

清水　安岡正篤《やすおかまさひろ》[*75]という人の本に、「田舎人たれ」という言葉があります。わかりやすい例で言うと、「都会人」は食事をしようと思ったときに、「美味しいものを食べたいね」って言うわけです。レストランに行って、お金を払って、シェフにつくってもらった料理を食べる。

一方、「田舎人」は、**「美味しくものを食べたいね」**って言うんです。なんなら、おにぎりひとつでもいい。それを山に持って行って、景色のいいところで、好きな恋人と半分こして食べる。それが「美味しく」ものを食べるということです。植松さんの「だったらこうしてみよう」という言葉に近いけど、自分で考えて工夫することで、おにぎりひとつにも価値を加えることができる。安岡正篤は、そういう人になりなさいと説いています。

植松　面白い話ですね。僕が都会に行きたくない理由は、単純にトータルコストの問題なんですよ。都会に出ることがよい暮らしの近道だと思いがちだけど、明らかに都会のほうがコストがかかる。**目先の損得で判断しないで、長期的な人生のトータルコストをもっと真剣に考えるべき**だと思います。都会で暮らすことのリスクや、失うものをしっかり考えたら、都会に行こうなんて思わないんじゃないかな。

清水　以前、共通の知人の結婚式で六本木ヒルズに行ったとき、「こんな街はダメだ！」って植松さん怒っていましたもんね（笑）。安岡正篤は、都会は人が補充されるから成り立つシステムだと言っています。そして、いつかそのサイクルは破綻するって。

植松　人口が増え続けてきた東京だって、もうすぐ人口減少に転じますからね。それが自然だと僕は思います。インターネットで会議もできるこの時代に、なぜ東京に一極集中しているのか、まったく理解できない。行政も企業も、もっと積極的に地方に本社を移しちゃえばって思います。

清水　二〇年後には、インターネットに慣れている子たちが管理職だから、そのころには変わっているかもしれない。僕らの年代は抵抗勢力だから(笑)。いまの管理職世代が引退したら、たぶんもっとよくなると思いますよ。

*75　安岡正篤(一八九八 - 一九八三) 陽明学者。吉田茂、池田勇人、佐藤栄作、福田赳夫、大平正芳など、戦後の総理大臣の指南役として政界に大きな影響力を持っていた。

先生が教えない本当に大切なこと

清水　小学生が修学旅行でうちの店に来ると、先生から「ひと言お願いします」って言われるんです。そのときによく言うのが、「みんなはお店で店員さんに怒鳴っているジジイは見たことある?」という言葉。すると、みんな「ある!」って答える。「じゃあ、行列に割り込んでくるババアを見たことある？」「ある！」「みんなああなりたい？」「嫌だ！」（笑）。そこで僕は、**「本を読まないと、ああいうジジイ、ババアになっちゃうよ」**って言うんです。そうすると翌日、図書館がいっぱいになるらしいです。

植松　それはいいアイデアですね（笑）。

清水　学校の先生って、ジジイとかババアとか言えないでしょ。きれいなことしか言えないから、第三者の僕が言うべきかなと思っていて。

植松　たしかに、先生が言いにくいことを代わりに言ってあげると重宝されますね。福澤諭吉の『学問のすゝめ』[*76]だって、学問しないと大変なことになるよっていうことを説いている本ですからね。だからこそ、当時三〇〇万部のベストセラーになった。

清水　意欲という意味では、最近は女性のほうがすごいですよね。うちの店に来る人を観察していると、女性はパパッと本を選んで「これください」ってレジに来る。でも男は、ずっと立ち読みしているんですよ。やっと決まったと思ったら、汚れていると嫌だからって、積んである下から取る（笑）。その違いって何かというと、男は失敗したくないんですよ。この本を買って面白くなかったらどうしようって。一ミリも損したくない。本当は、**これは失敗だってわかっただけでも成功**なのに。

植松　うちの会社に来る子どもたちも、断然、女子のほうが元気ですね。ロケットを走って取りに行くのも女子ですから。男子は草食を通り越して「草」になっています。

清水　草ですか（笑）。

植松　でも、一〇〇点満点の本ってありませんよね。半分いいことが書いてあったら上出来かなって。

清水　すべていいと思うのは宗教の信者ですよ。教祖様の本を読んで、ぜんぶ正しい、ぜんぶ面白いと思うのと同じです。

植松　だから、本に「失敗」はない気がしますね。

清水　昔の本を読んでいると、難しい文章がけっこう出てくるんですよ。そこでみんな閉じちゃうんです。だから僕は、**難しいところが出てきたら飛ばせ**って言っています。たとえば三島由紀夫は、僕らと比べてはるかに勉強しているわけですよ。そんな人の本が簡単にわかるはずがない。人生経験を重ねていったら、いつかわかる日が来るかもしれない。それくらいのノリでいいと思うんです。

＊76　福澤諭吉（一八三五‐一九〇一）　幕末から明治時代にかけて、蘭学者、啓蒙思想家、教育者などとして活躍。著書『学問のすゝめ』（岩波文庫など）は、当時にして三〇〇万部以上のベストセラーとなった。慶應義塾大学の創設者としても知られる。

「読書のすすめ」は次のステージへ

清水　いま、新しい財団法人をつくる計画をしているんです。読書という字が、「読む」と「書く」で成り立っているように、本来、インプットとアウトプットはセットなんです。これからはもっと、**インプットだけで屁理屈《へりくつ》ばかり言うのではなくて、ちゃんとアウトプットに結びつけていく**ことを勧めていきたいんです。

植松　僕は飛行機の本が好きなんですけど、やっぱり実際に飛行機をつくった人が書いた本は面白いですよ。でも、そういう人たちの多くは亡くなってしまったので、新しく出版される本は、評論家みたいな人が過去の文献を切り貼りして書いている本なんです。だから非常につまらない。実際に手を動かして、アウトプットした人の本に勝るものはありませんね。

清水　「ビジネス作家」に聞かせてやりたいです。

植松　海外だと、論文って誰でも書いていいんですよ。学会にも出せる。でも日本は大学生か、大学に関わる仕事の人じゃないと出せないルールになっています。おかしな話だなと思っていて。だから僕ら民間の人間が、新しいアカデミアをつくるのも面白い気がするんです。清水さんみたいに現場で手を動かしている人たちが、自分の知見を論文にして、それをストレージしていく。論文はインターネットで、誰でも検索、閲覧できるようにする。

清水　それはいいですね。僕も最近、**みんなに「本を書け」って言っています**。「ビジネス作家」のように、自分のブランディングのために本を書けと言っているわけでは、もちろんないですよ。

内村鑑三[*77]が、「後世への最大遺物」という講演（のちに書籍化）をしています。日清戦争のころ、若者を集めて「君たちは未来の人に何を残すのか」と問うたんです。内村はまず、「欲を持て」と言っています。「お金儲けをしろ」と。ガンガン儲けて、そのお金で美術館をつくるとか、障害者施設をつくるとか、そういうことをやりなさいと言っています。でも、お金儲けが苦手なやつもいる。そういう人は「事業を興せ」と言っています。土建会社を創業してトンネルをつくったり、橋を架けたりしなさいと。それもできないやつは「思想を残せ」。これは「本を書け」という意味ですね。それもできないやつは「生き様を残せ」と言っている。本当にそうだなと思って。

植松　本を書く、論文を書くことは、未来への贈り物なんですよね。

清水　ヤマト運輸の小倉昌男《おぐらまさお》[*78]さんっていう人がいまして、彼はキリスト教の信徒なんです。それでこの『後世への最大遺物』を読んで火がついて、小さかった会社を、日本を代表する大企業に育てたんです。引退するときには、五〇億円もの大金を障害者施設に寄付しています。内村鑑三が言ったことを、そのまま実践しているんですね。

植松　たまに学校の先生に提案しているんですが、子どもたちに協力してもらって、町内で頑張って生きている人にインタビューして、伝記を書かせたらいいと思うんです。子どもたちはコミュニケーション能力や、作文能力が身につくし、頑張って生きている人の記録も残る。経営者でも、職人でも誰でもいいから、**片っ端から記録に残して、それを町の文化として残せばいい**と思うんです。

清水　それはいいですね。新しい財団法人のプログラムに加えようかな。

植松　人間がただ生きて、ただ死んでいくではもったいないですよ。記録に残す価値のある人は、いっぱいいると思います。

それと、組織的に本の読み聞かせをする仕組みができるといいですね。ここに連絡すると、有能な読み聞かせの人が来てくれるみたいな。あとは清水さんみたいに、本をお勧めする人ですね。何かで悩んだり、困ったりしている人に、「だったら、こういう本を読めばいいですよ」ってアドバイスしてくれる。そんな仕組みを清水さんの財団法人でつくってくれると、読書の価値も高まっていく気がします。

＊77　内村鑑三（一八六一‐一九三〇）　キリスト教思想家、文学者。福音主義信仰と時事・社会批判にもとづく、いわゆる「無教会主義」を唱え、その伝道に生涯を捧げた。代表作に『代表的日本人』（岩波文庫）などがある。

＊78　小倉昌男（一九二四‐二〇〇五）　実業家。一九七一年、父が経営していた大和運輸（現・ヤマト運輸）社長に就任。売上高一兆円の業界最大手へと成長させた。主著に『小倉昌男 経営学』（日経BP社）がある。

「人と違う」はとても素敵なこと

清水　最近の本屋で流行しているのが、本と一緒に雑貨を売ろうという流れなんです。でも僕は、それはもう本屋じゃないだろうって思う。本が売れないからほかのものを売ろうという発想なんだろうけど、**本が売れないなら、どうやって本を売れるようにするかを考えるのが本屋**だと思うんですよ。

植松　最近は、どこの本屋さんに行っても、同じ本が並んでいますよね。僕が子どもたちによく言うのは、みんなと同じ普通のものは、お客さんに比較されて、いちばん安いものが選ばれるからねと。無理して普通になろうとすると、安売り競争をしなくちゃいけなくなるよって言っています。だけど、ちょっとほかと違うところがあると、必ず誰かから必要とされる。**だから、「違う」は素敵だよ**っていうことを話すんです。

清水 本来、「違う」は素敵なことなんですよね。でも、「違う」を異様なものととらえて、排除しようとする人もいる。ある講演会で、参加してくれたお客さんに自己紹介をしてもらう時間があったんですね。そのとき、ある一人の男性が黙り込んでしまった。吃音《きつおん》があるらしく、人前でうまくしゃべれなかったんです。当然、会場はざわつきますよね。でも、僕はそれは素敵なことだと思ったんです。講演が終わったあと彼に、「それじゃダメだとか、世間の人はレッテルを貼ってくるかもしれないけど、君はそれを誇りに思ったほうがいいよ」と伝えました。「個性だから大事にしな」って。

植松 僕もたまに吃音を持っている子と出会うんだけど、そういう子には「君は頭の回転が速すぎるんだ」という話をしています。頭の回転が速すぎて口が追いつかないだけだから、頭をゆっくり回せばいいんだって。みんな「そうだったんだ!?」っていう顔をします。

清水　たいてい、そういう子はダメっていうレッテルを貼られちゃうわけでしょ。本当にそういうことはやめたほうがいいですね。

植松　言葉に出てこないだけで、頭の中ではすごい考えができ上がっているかもしれないんだから。ただ焦って出てこないだけだから、取り出す方法を考えればいいんです。

清水　僕も学生のころ、アトピーで悩んでいたけど、あるとき何かの本に、アトピーの人は毛細血管が普通の人より発達していて、だからアトピーになるんだって書いてあったんです。それを読んだとき、自分の毛細血管は人より発達しているのか、すごいじゃないかって思えて、そんなふうに考え方を変えたらスッと治ったんです。

植松　マイナスに思わないことが大事ですね。『X-MEN』[*79]っていう映画に、自分の背中に羽が生えちゃった子が、羽を切ろうとするシーンがあります。それがお父さんにバレて、その子はお父さんに「こんな身体になってしまってごめんなさい」って謝るんです。そのシーンがあまりにもかわいそうでね。**「本当は空を飛べるんだよ」って**

言ってあげたくなる。同じようなことが、僕らの社会でもいっぱいあると思うんですよ。こういう子が本当に羽ばたけるような社会になればいいなと思います。

＊79　『X・MEN』　マーベル・コミック刊行のアメリカン・コミックに登場するヒーロチーム、およびそれを原作とする映画シリーズ。突然変異によって超人的能力を持って生まれたミュータントたちの戦いを描く。

「うつ」をどう乗り越えるか

清水　みんなと同じじゃないといけないと思い込んで、苦しんでいる人が多いですね。誰しも心の奥をのぞいてみれば、「これがやりたいんだ」っていう魂の衝動があるはずなんです。それを自由にやったらいいと思うんだけど、そんなことをやっちゃダメだよって、自分で魂にフタをしている。しかも何重にも。それで心が病むんだと思うんです。多いですよ、うつ病になって仕事に行けなくなっちゃう人。

植松　すごく多いですね。うつ病って、問題を解決しようと切り替えられたら、きっとよくなると思うんです。問題は解決できないもの、あきらめるものだっていう無力感が、原因のひとつのような気がします。心にフタをするんじゃなくて、**どうすればこのフタを外すことができるかを考えると、光が見えてくる**んじゃないかな。

清水　精神的に病む人が増えるのは、国力の低下にだってつながりますよね。本来、ちゃんと納税できるはずの人が、逆に税金を必要とする人になってしまうわけだから。だったら政府は、この問題に本気で取り組むべきだと思う。

植松　僕はもっと子どもたちに、「知ることが大事だよ」って伝えるべきだと思っています。たとえば、家にお金がなくて大学に進学できないという問題だったら、どうやったらお金をかけずに進学できるか考えてみるとか、そもそも進学する必要はあるのかとか、卒業して入りたい会社があるなら、いっそ直接行ってみたらどうかとか。いろんな方法が考えられますよね。お金がないから進学をあきらめるで終わっちゃうのは、すごくもったいないです。**問題は乗り越えられるものだっていうことを伝えていかなければ、きっと社会もダメになっていく**でしょうね。

清水 いまは明らかに「転換」の時代なんだから、何くそっていう反骨精神を教えるべきですよね。

植松 「普通」や「常識」と呼ばれるものに疑問を感じて、納得いかないって思う気持ちですね。それがなければ、改善が生まれるはずないですから。

清水 出版に関わる者だってそうですよ。売れることばかり考えていると、どんどん安っぽくなっていく。昔の本って、どれも売れることを考えていないですよ。「どうだ俺の考え方、お前らついてこられるか?」みたいな、ある意味、上から目線で読者に迫っていく。

植松 それってあらゆる仕事に共通していて、何が売れるか、何が儲かるかっていう基準で判断をしたものは、ほとんど過去に売れたものと同じなんですよ。どうやっても二番煎じにしかならなくて、時代遅れになるか、安売りになるか、どちらかの運命をたどる。

間違いないのは、**世の中の問題を解決しようと努力をしたときに生まれてくる仕事は「正しい仕事」**だということ。そういう仕事は、最初は儲からないんですよ。あまり売れないんです。けれど必要なものであれば、必ずあとから利益はついてきます。

清水　この言葉、出版社の人たちに伝えたいですね。

子どもに「死なないで」を伝えたい

清水　植松さんは年に一〇〇回も講演をされていますが、聴衆に何をいちばん伝えたいと思ってやっているんですか。

植松　**子どもたちには、「死なないで」と思いながらしゃべっています。**日本の若者の自殺率って、世界でも飛びぬけて高いんですよ。ということは、目の前にいる生徒の中にも、死にたいと思っている子はたくさんいるはずです。その子に「死ななくていいよ」って伝えたいですね。

清水　正直な子、ピュアな子ほど生きづらいんですよね。そういう子には、植松さんの話はすごく響くと思う。

植松　学校では、履歴書を書くときに、平然とウソを書けって教えるんです。話を盛れと。本人が書いた文章はぜんぶ消えて、先生が書いた履歴書ができ上がる。僕は、こんなことを学校が指導していいのかって思う。ウソをつけ、だませと指導しているのと同じですよ。**もっと素直に、ありのままで生きていいんだよ**と伝えたいですね。ムダに競争して、人に勝つ必要もないので。

清水　大人向けの講演では、どんなことを話すんですか。

植松　最近よくしている話があります。人間の祖先をずっとさかのぼっていくと、もともとは海の生き物だったんですね。ところが、海での競争が激しくなったから、川に行った。やがて川での競争も激しくなったから、水辺に行った。水辺の競争も激しくなったから、陸に上がった。身体が乾くから、ウロコを身にまとったり、硬い殻の卵を産むようにもなった。しかし陸地も競争が激しくなったので、競争相手のいない北へ行った。寒いから、毛が生えてきた。その先にいるのが人間なんです。

清水　ずっと逃げ続けてきたんですね。
植松　**真正面から争うことを避けて、敵がいないところへ逃げていった結果、人間が生まれたんです。**逃げると言うと言葉が悪いから、工夫と言ってもいいかもしれない。人間はそもそも工夫し続けてきた生き物なんです。困難だからできないとか、儲からないからできないと言っている限り、海から出ることはできません。困難や、不採算なことに向かっていくと、きっと海から出られると思う。
清水　うちの店も、困難で不採算な場所にあってよかったですよ。便利な場所だったら、とっくに潰れていると思います。
植松　どうすれば困難ではなくなるのか、どうすれば儲かるようになるのかを考え続ければ、生き残れるわけです。これこそが「問題解決力」です。
清水　本を読んでいると、そういう人っていっぱい出てきますよ。よく言うんだけど、学校で歴史の授業って、直線の年表で教わるじゃないですか。それがおかしな考え方を生んでいるように思うんです。つねに右側は古くて劣っていて、左側は新しくて優れているみたいな錯覚に陥る。**歴史は本来、直線ではなく、円でイメージしたほうが**

いいんです。円の中心に自分がいて、すべての時代を等間隔で考えるのが本当の歴史だと思います。

植松　人間そのものは、いつの時代も変わらないと思うんです。道具は変わるにしても。この先も科学は発達していくだろうけど、人はいつまでも愚かなことをやり続けると思う。いまの「強制消費社会」を維持しようとすると、いつか社会はその負担に耐えられなくなるでしょう。そんな中で日本はどうすればよいのかと言えば、いかにムダ使いをしないか。その方向に科学を使えば、きっといい社会になる気がします。日本は資源のない国だっていうのは、わかりきっているので、日本は世界一、省エネの国になるべきです。

清水　循環思想に転換しないと、そろそろまずいですよね。先ほど日本人共通の目標の話が出たけど、明治維新のころの「一等国になろう」、敗戦後の「経済大国になろう」の次は、それだと思っているんです。そもそも、江戸時代はそういう社会でしたしね。

植松　代替エネルギーを研究するんじゃなくて、どうすればもっと消費を減らせるかの研究をすべきですよ。**消費し続けないと成立しない経済システムから、いかに抜け出すか**、それが次の時代に問われてくるでしょう。

日本はいまより二倍、成長する?

植松　先進国って、当然のように子どもを大事にするじゃないですか。ところが一部の発展途上国は、子どもは生きてきた時間が短いから、死んでも損ではないという感覚なんですよ。だから、少年兵みたいな存在も生まれる。いくらでも補充がきくから、使い捨ててかまわないという感覚なんです。

先進国が子どもを大事にするのは、可能性を信じているからだと思う。逆に言うと、一部の発展途上国が子どもを大事にしないのは、可能性を信じていないから。日本はいま、後者に向かっている感じがして怖いなと感じます。

清水　待機児童の問題も、進展が見られないですからね。

植松　派遣労働の問題も根っこは同じです。育てることより、奪うことしか考えていない。人を大事にしようよって、声を大にして言いたいですね。そうしないと、社会は衰退するばかりですよ。**自分の暮らしをよくしたいと思ったら、まず人を育てる努力をする**べきなんです。

清水　「人間資本主義」ですね。この考え方、流行らせたいな。

植松　でも日本って、戦時中に特攻をやっていた国ですからね。「人間資本主義」が定着するかは微妙だと思っています。特攻が連合国に対する最高の対抗手段だったと、いまだに言っている人がたまにいますよね。それは大きな間違いで、**特攻で亡くなった人がもし生きていたら、日本はもっと経済発展したかもしれない**わけです。戦争の時代だけを考えたら、もしかしたら「最高の対抗手段」だったかもしれないけど、戦後まで広げて考えれば、特攻は愚策です。人が生み出すものの価値を信じていない。短いスパンで物事を見ると間違えますね。

清水　もし人間資本主義が定着したら、日本はどんな国になりますか。

植松　本当は日本って、すごい国だと思っているんです。国土のほとんどが傾斜地なんですよ。だから、農業にすごく適しているんです。中国やフランスは土地が真っ平らだから、「我田引水《がでんいんすい》」ができない。だから雨に頼るしかなくて、気候変動の影響をもろに受けるんですね。ところが日本は、水をどこからでも引くことができる。土地が人を扶養する能力が高いんですね。だからこそ、こんな狭い国土に一億三〇〇〇万人も住めるんです。

清水　第一次産業の復興が、次の時代、大事になってきそうですね。

植松　ラッキーなことに日本は、労働時間あたりのGDP（国内総生産）がトップレベルの国の半分なんです。ということは、**日本はいまの二倍、経済成長できるかもしれない**。まだまだ可能性を秘めている国なんです。

もしかしたら、世界中で起きている問題を解決するような、すごい国になるかもしれない。「サンダーバード」みたいな組織ができて、どんな災害地でも日の丸のついた飛行機が飛んでいく。そういうことに技術やお金を使おうよ、って言いたいです。

清水　うん、それが日本人らしいですね。

一人ひとりが変わるしかない

植松　この対談を通じて感じたのは、清水さんって、やっぱり本を読んでいるなあということでした。**読書ってスタートが早い人ほど強くて、同じペースで読まれると永久に追いつけないいんですよね。**かなわないないなと思いました。負けてはいられないと思いつつも、老眼がきついからなあって（笑）。

清水　僕は対談の冒頭で、植松さんは反骨精神の人だって指摘したけど、やっぱりその通りだったと思いました。かつての日本人は、みんな植松さんのような反骨精神を持っていたんじゃないかな。僕はよく「一人庶民革命」っていう言葉を使うんだけど、徒党を組んで何かを変える時代ではないと思うんです。昔は新撰組《しんせんぐみ》みたいに、複数人で反骨精神をぶつけていたと思うんだけど、これからは一人ひとりが覚醒しないといけないと思う。

植松　その通りで、**民主主義国家が変わるには、一人ひとりが変わる以外ありません。**誰かに与えられた幸せのモデルを信じるのではなく、一人ひとりが「自分の幸せはなんだろう？」と真剣に考える。すると、自分がすべきこともわかってくるし、解決すべき問題も見えてくるかもしれない。

清水　歴史を振り返ると、たとえばアドルフ・ヒトラーは、当時のドイツ国民が選挙で選んだわけですからね。一人ひとりの意識の持ちようで、民主主義国家というのは天国にも地獄にもなる。これからが勝負です。

植松　先ほども話しましたが、いま古代ギリシャについて勉強しているんです。古代ギリシャの流れを追っていくと、民主主義の始まりと終わりが理解できるんですよ。王様があらゆる権力を握っていた時代は、判断が速い。しかし、情報が足りないから間違ったものを選ぶ可能性がある。一方、大勢の人たちの合議で物事を決めていた時代は、判断は遅くなるけど、いろんな情報に支えられているから、間違ったものを選ぶ可能性が低くなる。

そこで古代ギリシャは、代表選挙制をつくって両方のいいとこ取りをしたんですね。

判断のスピードは速く、しかし間違えない仕組み。それが民主主義の始まりなんです。

清水　なるほど。

植松　ところが民主主義にも問題点があって、いろんな人の意見を尊重しなくてはならないんですね。だから、「弱いふり」をする人たちが現れた瞬間、成立しなくなってしまうんです。古代ギリシャ社会でも、「私は弱いので助けてください」という人が次々と現れて、みんな働かなくなってしまった。**一人ひとりが問題を解決しようという意識を持ち、そのための努力をしなければ、真の民主主義国家にはなりません。**

清水　いま植松さんがおっしゃったことを、一人ひとりが実践するようになれば、ポスト平成時代の未来も明るいですね。

植松　そうなることを、心から願っています。

おわりに——自分の「興味」と「好奇心」を信じよう

植松努《うえまつつとむ》

僕はいろんな学校に行きます。いろんな学校も僕の会社に来てくれます。僕は年間で約二〇〇校と関わります。そこで僕は、子どもたちの情報をたくさん得ることができます。

いまの子どもたちは、僕ら大人（社会の中心的役割を担っている四〇～五〇代）に比べると、はるかに頭がいいです。なぜなら、僕らが子どものころよりも、便利で情報にあふれた社会で暮らしているからです。

僕ら大人が観ていたテレビアニメは、とてもわかりやすい勧善懲悪が多かったのですが、いまの子どもたちが観ているアニメは、ものすごく複雑で、その心理描写などもすごいです。登場人物もすごく多いです。それをちゃんと理解している子どもたちは、すごい能力を持っていると思います。

おまけに、今日もどこかで頑張っている人がいます。治らなかった病気を治そうとしている人たちがいます。つくれなかったものをつくろうとしている人たちがいます。その人たちが、さらに世界を便利にしていきます。けれども、それを理解していない大人はものすごく多いです。

そういう人たちが、自分たちが子どものころの常識を、いまの子どもたちに押しつけています。それが子どもたちを苦しめています。

子どもが進路で悩んだとき、「あなたの好きにしていいんだよ」と言っているわりには、子どもがいっぱい調べて思考した未来に、さまざまな注文をつけます。大人の狭い了見による憶測で評論し、〝喰《く》えない〟可能性を追及します。それでは子どもたちは、「いくら真剣に考えてもムダなんだ」と思うようになります。そして、大人が嫌な顔をしない進路を口にするようになります。

大人は根拠のない「安定」を子どもたちに求めますが、もはや人口減少の現在において、努力せずに手に入る「安定」などあり得ません。子どもたちは、どこにもありはしないユートピアのごとき「安定」を追いかける羽目になり、有名企業に殺到し、自ら競争倍率を押し上げていきます。しかし、その有名企業でさえ、明日はどうなるかわからない状態です。

この社会の現実と、大人が押しつける夢想の世界とのギャップが、子どもたちの思考を奪い、心を壊していきます。

僕の会社には、毎年たくさんの子どもたちが来ます。赤平市内の幼稚園と保育所の子は、全員来てくれます。彼らは毎年なんの心配もないです。素晴らしいです。可能性と希望にあふれています。興味と好奇心にもあふれています。

だから、子どもたちは大丈夫なんです。今日生まれてくる子どもは、あきらめ方を知らないで、可能性にあふれて生まれてくるんです。そんな素晴らしい子どもたちを「最近の若いもんは……」に育て上げているのは、実は過去の栄光を自慢し、現状維持で精いっぱいの、未来を見ていない大人たちです。

世の中には、「消費をしないと経済が回らない」という意見があります。経済学者も、なんの意味もないようなことでも公共投資をすれば、経済はプラスになると言います。

でもそれは、人口が増え、経済活動が拡大していることが前提だと思います。

僕は消費と浪費は違うと確信しています。僕の祖母は、「お金は知恵と経験と人脈になるように使いなさい」と言いました。そうすれば、お金は自分の中に貯《た》まります。それが新しい価値を生み出す可能性があります。しかし、お金を壊れてゴミの山にいくようなものに使うなら、それはお金に火をつけて燃やしているのと同じです。そして、お金とはマンパワーを表すものでもありますから、それは人間を殺しているのと同じです。それでは社会は豊かになりません。

社会と世界は違います。社会とは人間が成すものです。その社会をプラスに成長させたければ、人間一人ひとりにいかにムダ使いをさせるか、ではなく、人間一人ひとりの能力をいかに向上させるか、のほうが、効果があると思います。

能力の向上のためには、子どもたちが生まれつき持っている、興味と好奇心を奪わなければいいだけです。あきらめ方を教えなければいいだけです。

「なんでだろう?」と疑問を感じる子は、調べたくなります。そうなると、自動的に本を読んだり、学んだりするようになります。そうすれば、自動的に人間の能力は向上していきます。

残念ながら、いまの日本の教育では、「学校が評価することと以外をするのは、害悪である」と教えてしまいます。そうなると子どもたちは、指示されたことしか学ばなくなります。それでは、ロボットに負ける「素直でまじめで勤勉なだけ」の人間ができてしまいます。

この仕組みを変えるのは、それはもう大変なことです。なんせ、それで喰っている人が大勢いるからです。だから、この仕組みを変える努力に人生の時間を費やすのは非効率的かな、と僕は思っています。だから僕は、自分の思いや世界のこれからの可能性を、子どもたちに伝えたいと思っています。そうしたら、それを必要だと思ってくれた先生たちが、僕を子どもたちとつなげてくれます。本当にありがたいことです。

僕はいまの日本の教育システムにも社会システムにも、問題があることを知っています。しかしだからといって、先生が悪いとか、経営者が悪いとか、政治が悪いとは思いません。その人たちも自分の役目をこなしているだけです。だから、他人を批判しているヒマがあったら、すべきことをすべきだと思います。

でも、こんな世の中で、頑張っている人たちがいます。人の可能性を信じて伸ばそうとしている人たちがいます。学ぶことや知ることの喜びを伝えようとしている人たちがいます。その力はまだまだ小さいですが、集まれば大きな力になります。なんたって、日本は一応、民主主義の国だからね。いま、日本の古い体質がほころび始めています。既得権益者の力が弱くなってきています。だからチャーンス！

すべきことをしていきましょう。自分の興味と好奇心を信じて、学んでいきましょう！

あたりまえを疑《うたが》う勇気《ゆうき》

2019年1月24日　第1刷発行

著　者　植松努《うえまつつとむ》
　　　　清水克衛《しみずかつよし》

編　集　木下衛
発行人　北畠夏影
発行所　株式会社イースト・プレス
　　　　〒101-0051
　　　　東京都千代田区神田神保町2-4-7久月神田ビル
　　　　TEL:03-5213-4700　FAX:03-5213-4701
　　　　http://www.eastpress.co.jp
印刷所　中央精版印刷株式会社

ISBN 978-4-7816-1575-2